AF259809

Par M. de Jeze.

# TABLEAU DE PARIS

## *POUR L'ANNÉE*

### MIL SEPT CENT CINQUANTE-NEUF,

*Formé d'après les antiquités, l'histoire,
la description de cette ville, &c.*

## CONTENANT

Un calendrier civil : le précis de l'histoire de cette
ville, un état abrégé du ministere : les noms, les
demeures & les districts de tous les premiers
commis des quatre secrétaires d'état , du lieute-
nant général de Police , du prévôt des marchands ,
du controlleur général & des intendans des finan-
ces. Le gouvernement , les divers établissemens
pour les sciences & arts libéraux : la demeure des
maîtres dans les langues , sciences , &c. Les spècta-
cles , les cabinets de tableaux , d'histoire naturelle
& autres curiosités : les manufactures , la com-
pagnie des Indes , la bourse & la définition des
principaux effets qui s'y négocient , &c.

*Ouvrage utile aux uns , nécessaire aux autres.*

### A PARIS,

Chez C. HERISSANT, rue Notre-Dame.

### M. DCC. LIX.

*Avec Approbation & Privilége du Roi.*

# AVERTISSEMENT.

NOus préfentons au Public *un ou-
vrage* dont l'utilité a paru évi-
dente à ceux que nous avons confultés :
il fera fuivi, dans le coursde l'année,
& le plutôt qu'il nous fera poffible,
d'un plus grand ouvrage qui nous
occupe actuellement, qui, fous le
titre d'*Etat de Paris* contiendra tous
les détails qu'il eft ou indifpenfable
ou utile de connoître dans cette
grande ville. *Le Tableau de Paris*
préfente fur-tout les détails les plus
fujets à variation, & notre projet eft
de le renouveller tous les ans : nous
invitons nos Lecteurs à concourir à fa
perfection, nous profiterons de leurs
obfervations avec beaucoup de re-
connoiffance. Nous avons choifi l'or-
dre qui nous a paru le plus favora-
ble à la clarté : nous avertiffons que
nous n'avons prétendu décider ni du
rang, ni des droits, priviléges, &c.

TABLEAU

# TABLEAU DE PARIS

## POUR L'ANNÉE

### MIL SEPT CENT CINQUANTE-NEUF.

## CALENDRIER CIVIL.

LE premier jour de chaque mois, ou le lendemain, ſi premier eſt un Dimanche ou jour de Fête, la Faculté de Théologie s'aſſemble en Sorbonne pour délibérer des affaires de la Faculté ou des matières de Théologie : cette Aſſemblée s'appelle le *prima menſis*. Les Bacheliers qui ont fini leur Licence le dernier de Décembre, ſont tenus de ſe préſenter au *prima menſis* de Janvier , & le plus ancien d'entr'eux demande au nom des autres, par un difcours Latin, ce qu'on appelle *miffio à Scholis* : le Syndic de la Faculté les remet au 15. de ce mois.

Tous les jours de l'année on peut voir les riches Cabinets du Jardin du Roi, en prévenant Meffieurs de Bufon & d'Aubanton , *rue faint Victor.*

Prefque tous les jours de l'année on peut voir à Verfailles la ménagerie du Roi.

Tous les mercredis neuf Avocats au Parlement, invités tour-à-tour par Meffieurs les Gens du Roi du Parlement , s'affemblent à la Bibliothéque des Avocats, *première Cour de l'Archevéché*, pour donner des confultations gratuites & charitables à ceux qui s'y préfentent depuis trois heures jufqu'à fix.

Tous les mercredis & les famedis on peut voir les appartemens du Luxembourg, une partie de la belle collection des Tableaux du Roi que l'on y expofe , & la célèbre Galerie de Rubens , depuis le premier d'Octobre jufqu'au dernier Avril le matin, le refte de l'année l'après-midi.

Tous les famedis , toutes les veilles de Fêtes folemnelles & des Fêtes de la Vierge, la Mufique de Notre - Dame chante un Motet à grand Chœur devant l'Autel de la Vierge.

Tous les famedis fix Docteurs de la Faculté de Médecine s'affemblent aux Ecoles *rue de la Bucherie*, pour donner depuis dix heures jufqu'à midi des confultations gratuites & charitables aux malades qui s'y préfentent.

Les premier & troifième Dimanches de chaque mois, depuis le premier de Mai jufqu'au premier Octobre, on fait jouer les Eaux des Jardins de Monfeigneur le Duc d'Orléans, au Palais de S. Cloud.

Le premier lundi de chaque mois les Maîtres en Chirurgie de Paris, invités par le Prévôt, s'affemblent à S. Côme à dix heures, pour, après la Meffe de fondation, faire la vifite & les panfemens des pauvres malades qui s'y préfentent, auxquels on donne enfuite à chacun un billet pour le Chirurgien de fon quartier qui continue les panfemens charitables, jufqu'à parfaite guérifon.

Ces Meffieurs exercent les mêmes œuvres de charité tous les jeudis à cinq heures, à l'iffue de leur affemblée Académique.

Le premier vendredi de chaque mois, Monfieur le Lieutenant-Général de Police fait l'après-midi, au Châtelet, ce qu'on appelle la grande Police pourles prifonniers. Cette Police regarde principalement les mœurs, les femmes ou filles de mauvaife vie, les libertins, &c.

Les autres vendredis, c'eſt la Police contentieuſe qui ne regarde que les Communautés & Corps des arts & métiers.

Les premiers ſamedis du mois, le Recteur de l'Univerſité tient chez lui ſon tribunal.

Le dix de chaque mois, ou le lendemain, ſi le dix eſt un Dimanche ou jour de Fête, on tire la Loterie établie en faveur des Enfans Trouvés, *dans une ſale des enfans Rouges au Marais.*

Le vingt de chaque mois on tire dans le même endroit, la Loterie en faveur des Communautés Religieuſes.

Le dernier de chaque mois, on tire *dons une ſale du Palais du Luxembourg*, la Loterie en faveur de S. Sulpice.

Toutes les ſix ſemaines on tire *à l'Arſenal*, la Loterie établie en faveur de l'Ecole Royale Militaire.

Les autres Loteries Royales ſe tirent *à l'Hôtel de Ville* une fois tous les ans, juſqu'à ce que le nombre des tirages ſoit rempli.

Tous les trois mois ſe fait la Proceſſion du Recteur de l'Univerſité, qui l'annonce par un *Mandatum Rectoris :* l'aſſemblée eſt aux Mathurins.

Tous les trois mois, retraite *à S. Lazare* pour les Ordinans : elle commence tous les famedis qui précédent les Quatre-temps, & dure huit jours.

Il y a encore *à S. Lazare* plufieurs retraites dans le cours de l'année. Ceux qui veulent y être admis, doivent fe préfenter pour fe faire infcrire : ils y font logés & nourris *gratis* pendant huit jours. Elles commencent les mardis au foir.

Il y a une fondation de quatre retraites par an pour 400. Curés ou Prêtres deffervans dans le Diocèfe de Paris : elles fe font après Pâques.

Huit retraites par an *au Noviciat des Jéfuites*, dont deux pour les artifans de Paris que l'on y nourrit *gratis.*

Quatre retraites par an *aux Filles de Ste Geneviéve*, pour des femmes des artifans de Paris, & deux pour des femmes de la campagne qui y font nourries *gratis.*

Deux retraites par an *aux Filles de S. Thomas de Ville-neuve*, *fauxbourg S. Germain*, pour les femmes & filles.

Plufieurs retraites *aux Filles-Dieu*, *rue S. Denys.*

# JANVIER.

**1** LEs Princes du Sang, tous les grands Seigneurs, les Ministres des Cours étrangères, &c. vont complimenter le Roi, la Reine, & la Famille Royale sur la nouvelle année.

Les curieux vont voir à Versailles la Procession des Chevaliers de l'Ordre du Saint-Esprit, ou des Cordons-bleus. La Messe est célébrée dans la Chapelle du Roi par un Prélat de l'Ordre.

Messe solemnelle dans l'Eglise *des grands Augustins* pour les Chevaliers de cet Ordre.

**17** Commencent ordinairement les leçons & démonstrations Anatomiques *au Jardin du Roi.*

**19** Les Religieux de l'Abbaye de saint Denys célébrent avec beaucoup de solemnité & de grandes aumônes l'anniversaire du Roi Dagobert, mort à Epinay en 638.

**20** L'anniversaire de la Reine Anne d'Autriche, morte à Paris en 1666, à *S. Germain l'Auxerrois.*

**28** Grande solemnité, & le Panégyrique Latin de l'Empereur Charlemagne, mort à Aix-la-Chapelle en 813. *au Collége de Navarre.*

## FEVRIER.

1 LE Recteur de l'Université va présenter des cierges au Roi, à la Reine, à Monseigneur le Dauphin, à Madame la Dauphine & à toute la famille Royale.

L'élection du grand Juge - Consul choisi entre les Marchands qui ont été Consuls : on élit aussi le même jour quatre autres Consuls, qui font comme les Conseillers du Juge-Consul. Ils vont prêter serment au Parlement.

2 On va voir à Versailles la Procession des Cordons-bleus.

3 L'ouverture de la foire de S. Germain, qui dure jusqu'à la veille des Rameaux. Les Marchands Forains ont droit d'y étaler & d'y vendre toutes fortes de marchandises non prohibées, de même qu'à la foire de S. Laurent.

Messieurs de l'Election de Paris prennent un jour de ce mois pour aller tenir l'audience dans cette foire.

22 Jeudi - gras. Les garçons Bouchers de Paris promenent, au son des tambours & des hautbois, un bœuf qu'ils ont engraissé pour cette cérémonie, &

A iv

qu'ils enrubanent ce jour-là : on l'appelle *le bœuf-gras.*

| | | |
|---|---|---|
| 25 | Dimanche | Grande affluence de monde à la porte S. Antoine jusqu'au Thrône, pour y voir les mascarades. |
| 26 | Lundi | |
| 27 | Mardi | |

## MARS.

9 L'Anniversaire du Cardinal Mazarin, mort à Vincennes en 1661, *au Collége des 4. Nations.*

19 Le *Synode* de l'Official du Chapitre de Notre-Dame, auquel tous les Bénéficiers du corps doivent comparoître.

22 La célébre Procession du Chapitre de Notre-Dame en mémoire de la réduction de Paris fous l'obéissance d'Henri IV. en 1594. Le Chapitre accompagné du Corps de Ville, & précédé des quatre Ordres Religieux mendians, va chanter une Messe solemnelle à l'Eglise des grands Augustins, où le Parlement se trouve en Robe-Rouge : de même que la Chambre des Comptes & la Cour des Aides. Les Chartreux donnent un grand diner au Parlement, & au Corps de l'Hôtel de Ville.

24 L'assemblée de l'Université aux Ma-

thurins pour l'élection ou la proroga-
tion du Recteur.

31    La cloture des Théatres , depuis ce
jour jusqu'au Lundi de Quasimodo : pen-
dant ce temps Concert spirituel au Châ-
teau des Thuilleries.

## AVRIL.

7    PRocessions des Paroisses & des Cou-
vents de Paris à Notre-Dame, & de-là
aux grands Augustins en mémoire de
la réduction de Paris à l'obéissance
d'Henri IV.

8    Le Dimanche des Rameaux Messieurs de
Notre Dame vont en Procession à sainte
Geneviéve du mont prendre des Ra-
meaux bénis par l'Archêveque , où le
Prédicateur de Notre-Dame prêche :
& au retour Monseigneur l'Archêveque
délivre un prisonnier du petit Châte-
let.

10    Mardi de la Semaine sainte , foire
franche pour les jambons au parvis de
Notre-Dame : elle appartient à Mon-
seigneur l'Archêveque & au Chapitre.

11    Messieurs du Parlement tiennent leur
séance au Châtelet pour les prisonniers.

11    Mercredi ⟩ L'on va l'après-midi enten-
12    Jeudi      } dre les leçons de ténèbres au
13    Vendredi ⟨ Couvent de Longchamps

A v

auprès du bois de Boulogne, & en fortant de Ténèbres l'on fe promene dans les allées de ce bois où il y a un grand nombre de carroffes.

Le jeudi-faint Monfeigneur l'Archevêque fait les faintes huiles à la grande Meffe : après Vêpres il lave les pieds à 12. pauvres dans la falle de l'Officialité , leur donne une aumône & les fert à table à l'Archevêché. A trois heures le Chancelier de Notre - Dame doit prêcher en Latin dans le Chœur. Enfuite le Doyen lave les pieds aux enfans de Chœur dans le Chapitre , & après le mandat on fait la Cène.

Le Roi fait la Cène à Verfailles à dix heures du matin : la Reine à trois heures après-midi. Ce jour-là, on ne fert fur la table du Roi que des racines qu'on a préparées en forme de toute forte de poiffons.

24 L'ouverture des fpectacles. Les Comédiens François repréfentent ordinairement ce jour-là la Tragédie de Polyeucte, ou celle d'Atalie.

C'eft ordinairement dans ce mois , ou dans le mois fuivant, que le Roi fait la revuë du Regiment des Gardes Françoifes & du Regiment des Gardes Suiffes , dans la plaine des Sablons fur le chemin de Neuilly : il y a un très-grand concours de monde de tous les états.

## M A I.

1 GRand concours de beau monde dans les avenues de Vincennes.

C'est dans ce mois que le bois de Boulogne & les autres promenades auprès de Paris commencent à être fréquentées.

22 Les Carmes Déchauſſés célèbrent dans leur Egliſe avec beaucoup de ſolemnité l'anniverſaire de Louis XIII. mort à S. Germain en Laye le 14. Mai 1643.

Le lundi des Rogations, Meſſieurs de Notre-Dame, accompagnés des quatre Collégiales leurs ſujettes, vont chanter la Meſſe *aux Martyrs, au bas de Mont-martre.*

Le mardi aux Carmélites *de Notre-Dame des Champs,*

Le mercredi *à Ste Geneviéve.*

## J U I N.

1 MEſſieurs du Parlement tiennent leur ſéance au Châtelet pour les priſonniers.

Pendant ce mois les Peintres de l'Académie de S. Luc expoſent leurs

tableaux au jugement du public dans
une falle du grand Arfenal , jufqu'au
15. de Juillet.

13     Dimanche de la Pentecôte , on va
à Verfailles voir la Proceffion des Cor-
dons-bleus, & on y voit jouer les eaux
pendant les trois Fêtes.

      C'eft dans les premiers jours de ce
mois que commencent au jardin du
Roi les exercices publics d'Anatomie
feche, de Chymie , & de Botanique.

11     Lundi de la Trinité on voit dans
Paris la Cavalcade de Monfieur le
Lieutenant Civil , qui , accompagné du
Procureur & des Avocats du Roi au
Châtelet , & précédé des Commiffaires
& des Huiffiers , tous à Cheval & en
Robe , va à la porte de Monfieur le
Chancelier , de Monfieur le premier
Préfident & des Préfidens du Parlement,
de Meffieurs les Gens du Roi , & des
premiers Préfidens de la Chambre des
Comptes & de la Cour des Aides , &c.
On a toujours regardé cette cérémonie
comme un hommage rendu au Parle-
ment , dont l'origine eft très-ancienne.

15     La Fête-Dieu. Les rues devant les
principales maifons font tendues en
belles tapifferies pour la Proceffion du
Saint-Sacrement. L'après-midi on va
voir aux Gobelins les fuperbes tapiffe-

ries de cette manufacture royale : on trouve à la porte de l'Hôtel l'explication imprimée des sujets représentés dans ces tapisseries.

On va aussi ce jour-là, de même que toutes les grandes Fêtes, voir jouer les eaux à Versailles.

La Bastille est ouverte pour ceux qui veulent la voir le dimanche dans l'Octave.

18 L'ouverture de la foire du Landy à S. Denys : elle étoit autrefois si fameuse, qu'elle attiroit dans cette ville des marchands de toutes les parties de l'Europe ; elle dure 15. jours.

Messieurs de l'Election de Paris prennent un jour de ce mois, pour aller tenir leur assise du Landy à S. Denys.

22 L'octave de la Fête - Dieu on voit les tapisseries de la Couronne aux galeries du Louvre.

Les Tableaux des Etudians en peinture sont exposés dans la place Dauphine depuis huit heures jusqu'à midi.

23 On tire un beau feu d'artifice devant l'Hôtel de Ville : les curieux trouvent à louer des places pour le voir.

25 La Procession des Confreres de la Confrerie de Jérusalem aux Cordeliers.

C'est ordinairement dans ce mois

que le Roi fait tous les trois ans la re-
vuë générale de toute fa Maifon-mi-
litaire, au trou d'Enfer auprès de Mar-
ly : toutes les Troupes font habillées
de neuf.

## JUILLET.

DUrant le cours de ce mois fe font
en public dans les principaux Colléges
de l'Univerfité les expériences curieufes
de Phyfique. Elles font annoncées par des
affiches.

1    L'ouverture de la foire S. Laurent,
prorogée ordinairement jufqu'au mois
d'Octobre.

3    On brûle une figure d'homme faite
d'ofier, dans la rue aux Ours, en mé-
moire du miracle arrivé dans cette rue
en 1418. à l'occafion de l'impiété com-
mife fur l'image de la fainte Vierge
par un foldat Suiffe qui frapa fa fta-
tue de trois coups de couteau. Il en for-
tit du fang, & le Suiffe fut brûlé &c.

17    L'ouverture de la foire de S. Clair
qui dure 8. jours dans la rue S. Victor.

23    Les écoles de Théologie de Sorbonne
& de Navarre ceffent leurs leçons juf-
qu'au lendemain de fainte Urfule ; & les
écoles de Médecine jufqu'au lendemain
de S. Martin.

## AOUST.

MEſſieurs de l'Election de Paris vont un jour de ce mois tenir l'audience à la foire S. Laurent.

Le premier mercredi de ce mois les Penſionnaires du Collége de Louis le Grand repréſentent une Tragédie qui attire dans ce Collége une aſſemblée des plus nombreuſes, & des plus diſtinguées, après laquelle on diſtribue les prix fondés par ſa Majeſté.

7    C'eſt ordinairement ce jour-là, que les Ecoliers des principaux Colléges de l'Univerſité commencent à repréſenter des Tragédies & des Comédies pour la diſtribution des prix.

14    Meſſieurs du Parlement tiennent leur ſéance au Châtelet pour les priſonniers.

15    La Proceſſion de Notre-Dame dans les rues de la Cité pour le renouvellement du vœu de Louis XIII : les Cours ſouveraines & le Corps de Ville y aſſiſtent.

On va voir jouer les eaux à Verſailles, à S. Cloud, & à Marly.

Dans l'octave de l'Aſſomption, Meſſieurs de la grande Confrerie aux Seigneurs, Prêtres, & Bourgeois de Paris vont en Proceſſion chanter la Meſſe dans une des Egliſes de la Ville.

16     L'élection de deux Echevins dans la grande Sale de l'Hôtel de Ville.

Quelques jours après la Fête de l'Aſſomption ſe font les paranymphes de la Faculté de Médecine aux écoles rue de la Bucherie ; les Bacheliers de la Faculté vont inviter le Parlement, la Chambre des Comptes, la Cour des Aides, & la Ville d'aſſiſter à ces paranymphes.

24     Jour de S. Barthelemi, & la veille de S. Louis, les eaux jouent à Verſailles & à Marly.

L'Académie Royale de muſique donne à 9 heures du ſoir dans le jardin des Thuilleries un concert de ſymphonie pour la Fête du Roi.

25     Jour de S. Louis Mrs de l'Académie Françoiſe s'aſſemblent à la Chapelle du Louvre, où il y a une Meſſe en muſique & le Panégyrique de S. Louis : Meſſieurs les Prévôt des Marchands, Echevins & les Officiers de la Ville y vont auſſi. Meſſieurs de l'Académie des Inſcriptions, & Meſſieurs de l'Académie des Sciences, aux Peres de *l'Oratoire.*

Le Panégyrique latin de Louis XIV. fondé par la Maiſon de Ville en 1684. *Au Collége de Navarre.* L'après-midi, Meſſieurs de l'Académie Françoiſe s'aſ-

femblent pour diftribuer les prix d'é-
loquence & de poëfie.

25    L'ouverture du beau Salon des Ta-
bleaux au Louvre : on y voit jufqu'au
mois d'Octobre les peintures, fculp-
tures, & gravures de Meffieurs de l'A-
cadémie Royale de peinture, &c. on
trouve à la porte du Salon l'explication
imprimée de ces tableaux, fculptures
& gravures.

28    Grande mufique à S. Julien des Mé-
nétriers, rue S. Martin.

30    Jour de S. Fiacre, l'ouverture de la
Foire S. Ovide à la place Vendome :
elle dure 9 jours.

## SEPTEMBRE.

LE Dimanche dans l'octave de S. Fia-
cre, la Foire de Befons dans une des al-
lées de l'Etoile. Il y a un très-grand
concours de monde.

7    La clôture du Parlement jufqu'à la
S. Martin.

8    Jour de la Vierge & le Dimanche fui-
vant on va fe promener au Château &
au Parc de S. Cloud, où toutes les eaux
jouent comme les premiers Dimanches
du mois. Les galiotes pour y aller par-
tent du Pont-Royal à 7 & à 8 heures du

matin, & les batelets à toute heure : les places coutent 5 fols.

9　L'ouverture de la Chambre des Vacations du Parlement.

## *OCTOBRE.*

1　L'Ouverture ou la rentrée des Claſſes des Colléges de l'Univerſité, par des Diſcours Latins prononcés par les Profeſſeurs.

L'élection du Syndic de Sorbonne.

6　Fête de S. Bruno. Le Cloître des Chartreux ouvert à tout le monde.

9　La Compagnie des Chevaliers de l'Arquebuſe s'aſſemble à la maiſon profeſſe des Jéſuites : Meſſe ſolemnelle.

La Fête à S. Denys : il y a une Foire qui dure 8 jours. Le jour de l'octave les Religieux de l'Abbaye chantent la Meſſe en langue Grecque.

10　Aſſemblée de l'Univerſité aux Mathurins pour l'élection ou la prorogation du Recteur.

17　Toutes les Paroiſſes & Collégiales qui ſuivent le Rit de Paris, prennent leurs habits d'hiver.

21　Jour de ſainte Urſule : grande ſolemnité en Sorbonne : un panégyrique latin à 8 heures du matin, un autre à 5 heures ; c'eſt le ſeul jour où les femmes peuvent entrer dans la maison de Sorbonne.

27    Clôture de la Chambre des Vacations.
Messieurs du Parlement tiennent leur séance au Châtelet pour les prisonniers.

28    Jour de S. Simon, S. Jude, la dédicace de l'Eglise du Grand-Prieuré de France. La Foire dans la Cour du Temple. C'est la *Foire aux manchons*.

## NOVEMBRE.

1    L'On va au Cimetière de Clamar prier Dieu pour les Trepassés : il y a une foire qui y attire un grand concours de monde.

3    Jour de S. Hubert : chasse royale à Fontainebleau. On voit au rendez-vous de cette chasse les Seigneurs de la Cour; les Dames sont habillées en Amazones.

11    Jour de S. Martin, Bal à l'Opera : on le donne tous les Dimanches & tous les jeudis jusqu'au 1. Dimanche de l'Avent.

12    La rentrée auguste du Parlement qui assiste en Robe rouge à une Messe solemnelle, chantée par les Musiciens de la sainte Chapelle à l'Autel de la grande Sale du Palais. On éleve dans cette Sale des gradins pour placer le monde : les places s'y louent.

La rentrée de l'Académie Royale des Sciences par une assemblée publique.

La rentrée des autres Académies les

jours fuivans auffi par une affemblée publique.

Le premier mardi, jeudi, ou famedi après la S. Martin fe fait l'ouverture du cours de Phyfique expérimentale par M. l'Abbé Nollet. *Au College de Navarre.*

Le Lundi d'après la S. Martin l'ouverture des leçons des écoles de Droit & de Médecine.

Depuis la S. Martin jufqu'à la fin du Carême, il y a *Opéra* les jeudis.

28     L'anniverfaire du Roi Clovis à fainte Généviéve en habits violets.

# DECEMBRE.

4   Jour de fainte Barbe, l'anniverfaire du Cardinal de Richelieu mort en 1642, *à l'Eglife du Collége de Sorbonne* : la Maifon & l'Eglife font ouvertes ce jour-là pour tout le monde. L'on y voit le maufolée de ce grand Miniftre, un chef-d'œuvre de fculpture.

23    Les Benedictins de l'Abbaye S. Germain célébrent avec beaucoup de folemnité, dans leur Eglife, l'anniverfaire du Roi Childebert & de la Reine Ultrogotte fa femme, leurs fondateurs.

Meffieurs du Parlement tiennent leur féance au Châtelet pour les prifonniers.

31    On va le soir au Palais, pour acheter des bijoux & voir toutes les curiosités qu'on y expose en vente. Il y a un très - grand concours de monde de tous les états, & les boutiques y sont éclairées magnifiquement.

---

## Précis historique de la ville de Paris, depuis son origine jusqu'à la fin du règne de Louis XIV.

PARIS d'abord appellé *Lutéce*, ne fut long-tems qu'une bourgade : César est le premier Auteur qui parle de cette bourgade. Elle étoit alors renfermée dans l'espace que nous appellons aujourd'hui l'Isle du Palais. *Lutéce* s'accrut dans les suites ; elle formoit déja une petite ville sous l'Empéreur Julien ; elle étoit fortifiée. Ammien-Marcellin qui écrivoit vers l'an 315 parle du fauxbourg de *Lutéce*, & il appelle cette ville la forteresse des Parisiens. Elle dut sans doute ses premiers accroissemens au séjour de plusieurs Empereurs-Romains qui y passèrent leurs quartiers d'hiver.

*Lutéce* plus connue depuis sous le nom de *Paris*, reçut bientôt d'autres accroissemens plus considérables sous les Rois de la premiere race : Clovis vers l'an 508 déclara *Paris* capitale de son Empire. Les Abbayes de S. Vincent aujourd'hui S. Germain - dès - près., de S. Germain-l'Auxerrois, de sainte Généviéve & de S. Laurent, furent fondées dans le même siécle, bâties dans les environs de Paris, & bientôt environnées elles-mêmes de maisons : ces maisons étoient habitées par les ouvriers nécessaires au service de l'Abbaye, & chaque monastere forma ainsi une bourgade séparée. Les Eglises de S. Paul & de S. Julien Martyr furent bâties encore sous la premiere race, & il est vraisemblable que leurs environs étoient habités.

Ces bourgades & ces premiers fauxbourgs, encore séparés de *Paris* sous la séconde race, furent ravagés par les Normands qui tenterent souvent de s'emparer de la ville même : *Paris* n'avoit alors que deux Ponts défendus chacun par une forteresse, c'est-à-dire, par le grand & le petit Châtelet : ce dernier fut détruit par les Normands ; il a été rebâti sous Charles V. 450 ans après sa destruction.

Nous n'avons parlé ni de l'Eglise Cathédrale ni du Palais, parce que l'époque de leur construction est incertaine : on sçait seulement que ces deux édifices étoient déja anciens au commencement de la seconde race. L'isle du Palais ou la Cité renfer-

moit encore alors un Palais épiscopal & une
place publique. Les Eglises que nous y voyons
aujourd'hui, font si anciennes qu'on peut les
croire bâties avant la troisiéme race. Le Pa-
lais fervit toujours d'habitation à nos Rois
jufqu'au regne de Philippe le Bel.

*Paris* fous Huguet Capet étoit augmenté
au Nord, d'une nouvelle ville entourée de
murailles & fortifiée de diftance en diftance
par des tours & des baftions. Cette enceinte
formoit prefque un demi-cercle : les angles
aboutiffoient l'un à la defcente du Pont au
Change vers le Fort-l'Evêque, & le fecond
au deffous de la Gréve, vis-à-vis la Paroiffe
S. Gervais. Une porte placée dans l'efpace
où nous voyons aujourd'hui S. Merri, par-
tageoit le demi-cercle en deux parties pref-
que égales. Il s'étoit formé plufieurs faux-
bourgs, l'un à S. Germain-l'Auxerrois, un
autre à S. Euftache, & plufieurs encore au
Nord, au Midi, &c. Philippe-Augufte les
renferma avec la ville dans une enceinte
commune ; cette nouvelle clôture commen-
çoit d'un côté au deffous de S. Germain
l'Auxerrois, elle s'étendoit vers la porte
S. Martin, & elle venoit aboutir au lieu où
eft aujourd'hui le Pont-Marie : de l'autre
côté la muraille commençoit au lieu où eft
aujourd'hui le Pont de la Tournelle ; elle
renfermoit fainte Géneviéve, l'efpace occupé
aujourd'hui par les Jacobins, & elle finif-

ſoit à la Riviere dans l'endroit où l'on a bâti depuis le Quai des quatre Nations. L'eſpace compris dans la nouvelle enceinte de Philippe-Auguſte n'étoit point entiérement bâti, il y reſtoit des terreins vagues : les vuides furent remplis dans la ſuite, & c'eſt-là ce qui multiplia les Paroiſſes. Le fauxbourg S. Germain, & le fauxbourg S. Marcel, toujours ſéparés de la ville, mais très peuplés prirent l'un & l'autre le nom de ville.

Nous ne cherchons qu'à donner ici une idée générale des différens états par leſquels la ville de Paris a paſſé, & il nous paroît inutile d'entrer dans les détails de divers accroiſſemens qu'elle a reçus depuis Philippe-Auguſte : nous n'indiquerons que les principales augmentations. Le Roi Jean entoura la ville de foſſés, il vouloit arrêter les Anglois qui menaçoient la capitale : mais cette précaution ne parut point ſuffire encore ; Charles V. joignit un mur aux foſſés & augmenta l'enceinte : il renferma dans le nouveau mur l'eſpace compris aujourd'hui entre l'Arſenal, les Portes S. Antoine, S. Martin, S. Denys, la place des Victoires, le Palais Royal, les Quinze-Vingts & la rue S. Nicaiſe. C'eſt ſous le Regne de ce Prince que la Baſtille fut bâtie l'an 1371 : il fit conſtruire dans le même temps le Palais des Tournelles & l'Hôtel S. Paul, le premier ſur le terrein de la Place Royale & le ſecond

près

près de l'Eglise qui porte le nom de S. Paul : les Ponts S. Michel & Notre-Dame sont du même regne. Nous devons remarquer que depuis Philippe Auguste, jusqu'à François I. l'Université contribua beaucoup à peupler la ville de Paris : elle occupe depuis le douzième siècle le quartier où nous la voyons : elle multiplia ses Colleges. Sa célébrité attiroit un nombre immense d'écoliers ; & les besoins de ces écoliers fixèrent autour de ces Colleges, des Artisans, des Marchands, &c.

Paris cependant ne commença à acquérir quelque splendeur que sous le regne de François I. On sentit alors la petitesse des anciens édifices, ce Prince fit rebâtir le Louvre : & dans l'espace de 50. années après cette date, on vit s'élever le château des Thuilleries, les bâtimens de la porte S. Antoine, l'Arsenal, le quai du Louvre, &c. Henri II. craignit les inconvéniens d'une ville qui s'agrandissoit sans mesure ; il défendit l'an 1549. de bâtir dans les fauxbourgs ; mais 9. ans après, la défense fut levée, & on bâtit le fauxbourg S. Jacques.

Charles IX. voulut donner à la ville une enceinte plus spacieuse : il se proposoit d'y renfermer le terrein qu'on appelloit alors le fauxbourg S. Honoré, & qui remplissoit l'espace compris aujourd'hui entre la rue S. Nicaise & la place Vendôme. On y bâtit la Chapelle de S. Roch, aujourd'hui Paroisse : mais elle ne fut dabord que succursale de S. Germain l'Auxerrois. Les guerres civiles arrêterent le projet de Charles IX. Henri III. cependant commença le Pont neuf l'an 1578. Ce grand édifice fut achevé l'an 1604. c'est sous le regne d'Henri IV. que le dessein de Charles IX. fut continué, l'enceinte fut entiérement habitée ; les terreins vagues qui restoient depuis Philippe Auguste, furent couverts de maisons ; enfin ce Prince éleva la galerie du Louvre. Il restoit encore des espaces vuides & dans la ville & dans les fauxbourgs ; ces espaces furent remplis sous Louis XIII. Il renferma l'an 1634. dans une nouvelle enceinte les anciens fauxbourgs de S. Honoré & de Montmartre : il s'en forma bien-tôt de nouveaux, les anciens s'accrurent, & l'étenduë de la ville augmentoit de jour en jour, lorsque par Arrêt du Conseil l'an 1638. il fut ordonné de planter des bornes : l'Arrêt ne fut point exécuté, c'est-à-dire, qu'on bâtit encore au-delà des bornes ; mais Louis XIV. renouvella la défense. C'est sous ce Regne, & par la magnificence de ce Prince, que Paris est devenu l'une des plus belles & peut-être la premiére ville du monde. On bâtit les ponts aux Chan-

-ges , de la Tournelle & le pont Royal, l'hôtel des Invalides, les places , &c. Le goût du Prince anima le goût des particuliers, l'Architecture Françoise s'ennoblit, elle éleva , elle décora ce nombre immenfe de maifons que les étrangers eux-mêmes font forcés d'admirer.

---

## IDE'E PARTICULIERE DE PARIS.

PAris, fitué à l'égard du ciel au 20 degré de longitude & au 48 51. min. de latitude, eft à 90 lieües de Londres, 95 d'Amfterdam, 305 de Stocolm, 240 de Coppenhague, 520 de Mofcou, 345 de Varfovie, 250 de Vienne, 500 de Conftantinople, 270 de Rome, 160 de Turin, 250 de Madrid, 350 de Lisbonne &c.

Cette ville paffe pour la plus riche, la plus floriffante & une des plus grandes villes de l'Europe ; elle ne le céde à aucune ville du monde, foit par le nombre de fes habitans & par le nombre prodigieux de fes fuperbes bâtimens ; foit par la fageffe de fon Gouvernement & de fa Police ; foit par rapport aux Sciences & aux Arts qu'on y cultive, qui y font parvenus à un haut point de perfection ; foit pour tous les agrémens & toutes les commodités qu'on y trouve ; foit enfin par le commerce prodigieux qui s'y fait. Le feul commerce en étoffes, en galons d'or, d'argent & de foie, en modes, gazes, rubans &c. furpaffe le commerce en gros des villes les plus commerçantes. Elle a plus de deux lieües de diametre, & fix à fept de circonférence en y comprenant les 13 Fauxbourgs dont quelques-uns font auffi confidérables que des grandes villes. Son Evêché fut fondé par S. Denys vers le commencement du troifième fiécle, & n'a été érigé en Archevêché qu'en 1622. Son Univerfité la premiere, la plus fameufe de la Chrétienté, doit fa fondatiou à Charle-Magne vers l'an 790. Son Parlement rendu fédentaire fous le Roi Philippe le Bel, eft un des plus célébres tribunaux du monde, le premier Parlement du Royaume, la Cour des Pairs, celui dont le reffort eft le plus étendu.

La riviére de Seine partage la ville en deux parties prefque égales, & lui apporte des vivres & toutes les chofes néceffaires des principales provinces. La grande confommation qui s'y fait de toute forte de denrées, de vivres & de marchandifes, devroit fans doute y occafionner fouvent une grande cherté, & quelquefois la difette. On prétend qu'il s'y confume par an plus de cent foixante mille muids de bled, trois cens cinquante mille muids de vin, fans compter les vins de liqueur, la biére, le cidre &c. quatre-vingt-dix mille bœufs ou vaches, cent vingt mille veaux, fept cent mille moutons, une quantité innombrable de piéces de volaille & de gibier &c. Cependant tout le monde convient qu'il n'y a peut-être point de ville dans le royaume où les étrangers puiffent vivre plus commodement & à meilleur marché. Outre un grand nombre d'auberges pour les voyageurs, il y a trois & quatre cens hôtels garnis où l'on trouve à fe loger à toute forte de prix, depuis 6, 10, & 12, liv. par mois, jufqu'à 2, 3, & 400 liv. &c. & à manger depuis 15 & 20 fols par repas jufqu'à 6 liv. & au delà. Il y a même des auberges ou *gargottes* à 8, 10, & 12 fols par repas. Les domeftiques à qui les maîtres donnent de l'argent au lieu de nourriture, y vivent à 12 fols par jour fans vin, & ils font bien nourris.

Paris fe divifoit autrefois en Cité, Univerfité, & Ville : par une Déclaration de Louis XIV. du mois de Janvier 1701. Paris a été divifé en 20 quartiers, à chacun defquels il y a des officiers prépofés pour y maintenir l'ordre, la police, & la tranquillité : des pompes pour remedier aux incendies aux dépens de la ville : des fontaines publiques dans tous les quartiers pour fournir de l'eau aux habitans : un réfervoir & un canal en pierre de taille pour porter les immondices de la ville dans la riviere : des lanternes pour éclairer les rues pendant la nuit.

Les principaux de ces Officiers sont des Commissaires au Châtelet dont la principale fonction consiste, sous l'autorité du Lieutenant général de Police, à maintenir le bon ordre dans la ville. Mais ils ont encore plusieurs fonctions dans lesquelles ils représentent les Juges au civil, au criminel, & à la police. Par l'Edit de Janvier 1685, il leur est enjoint d'informer le Lieutenant-criminel, & le Procureur du Roi, des crimes qui se commettent dans l'étendue des quartiers où ils sont distribués, dans le jour qu'ils en ont connoissance. Il leur est défendu par Arrêt du 9 Juillet 1712. d'aller dans les maisons, sans être requis par le propriétaire, ou le locataire, ou par quelqu'autre personne suivant l'exigence des cas, à moins qu'ils ne soient porteurs d'une Ordonnance du Juge qui leur en donne la permission.

Nous marquerons à chaque Quartier le nombre des Commissaires qui y sont établis pour la police : le nombre des dépôts de pompes pour remédier aux incendies, & le nombre des lanternes pour en éclairer les rues pendant la nuit.

20. Quartiers, 48. Commissaires, 20 Inspecteurs de police, 25. dépôts de

pompes , 45. fontaines publiques , plus
de 6000. lanternes pour éclairer les rues
pendant la nuit ; [ l'établissement des lanter-
nes en 1667. de même que le nétoyement
des rues , est dû à Monsieur de la Reynie
premier Lieutenant - général de police. ]
Plusieurs places publiques ornées de la sta-
tue en bronze de quelques-uns de nos
Roix : 15. ponts , 18. abreuvoirs , &c.

## DIVISION PAR QUARTIERS.

La Cité.
S. Jacques de la Bou-
cherie.
S. Opportune.
Le Louvre.
Le Palais Royal.
Mont-martre.
S. Eustache.
Les Halles.
S. Denys.
S. Martin.

La Greve.
S. Avoye.
Le Temple.
S. Paul.
S. Antoine.
La place Maubert.
S. Benoît.
S. André.
Le Luxembourg.
S. Germain des Prés.

*Le quartier de la Cité.*

3 Commissaires.
3 dépôts de pompes.
412 lanternes.

*Le quartier S. Jacques.*

2 Commissaires.
180 lanternes.

*Le quartier de sainte Opportune.*

2 Commissaires.
155 lanternes.

*Le quartier du Louvre, ou de saint Germain l'Auxerrois.*

2 Commissaires.
200 lanternes.

*Le quartier du Palais Royal.*
3 Commissaires.
300 lanternes.
5 dépôts de pompes.

*Le quartier Mont-martre.*

2 Commissaires.
290 lanternes.

*Le quartier saint Eustache.*

2 Commissaires.
250 lanternes.
3 dépôts de pompes.

*Le quartier des Halles.*
2 Commissaires.
150 lanternes.

*Le quartier de saint Denys.*
3 Commissaires.
310 lanternes.

*Le quartier saint Martin.*
3 Commissaires.
415 lanternes.
2 dépôts de pompes.

*Le quartier de la Greve.*

2 Commiſſaires.
200 lanternes.
1 dépôt de pompes.

*Le quartier ſaint Paul.*

2 Commiſſaires.
180 lanternes.
1 dépôt de pompes.

*Le quartier ſainte Avoye.*

2 Commiſſaires.
180 lanternes.

*Le quartier du Temple, ou du Marais.*

2 Commiſſaires.
360 lanternes.

*Le quartier de ſaint Antoine.*

3 Commiſſaires.
340 lanternes.
2 dépôts de pompes.

*Le quartier de la place Maubert.*

2 Commiſſaires.
320 lanternes.
3 dépôts de pompes.

*Le quartier de ſaint Benoît.*

2 Commiſſaires.
307 lanternes.

*Le quartier ſaint André des Arts.*

3 Commiſſaires.
320 lanternes.

B v

*Le quartier du Luxembourg.*

3 Commiffaires.
400 lanternes.

*Le quartier de faint Germain.*

3 Commiffaires.
400 lanternes.
5 dépôts de pompes.

## PLACES PUBLIQUES ORNÉES.

### *Quartier de la Cité.*

La place au milieu du Pont-neuf, ornée de la ftatue équeftre d'Henri IV. élevée en 1624, quatorze ans après la mort de ce Prince, vis-à-vis la place Dauphine.

### *Quartier faint Antoine.*

La place Royale, ornée de la ftatue équeftre de Louis XIII. élevée en Septembre 1639.

### *Quartier Mont-martre.*

La place des Victoires, ornée de la ftatue pédeftre de Louis XIV. élevée en 1687.

### *Quartier du Palais Royal.*

La place de Louis-le-Grand, ornée de la ftatue équeftre de ce Prince, élevée en 1699.

*Quartier du Palais Royal.*

La ſtatue équeſtre de Louis XV. vient d'être fondue pour être placée au milieu de la belle place qu'on forme entre le jardin des Thuilleries & le Cours.

---

45. fontaines publiques qui reçoivent l'eau de la Seine par le moyen des pompes établies ſur le pont Notre-Dame , & à la Samaritaine ſur le Pont-neuf, & l'eau des ſources autour de Paris par le moyen des trois aqueducs d'Arcueil, de Belleville, & du Pré ſaint Gervais.

Le réſervoir de la ville auprès du pont-aux - choux ſur le boulevard reçoit les eaux qu'on y éleve par le moyen des pompes , & les fournit dans un canal de pierre de taille qui a été conſtruit pour porter les immondices de la ville dans la rivieres. Ce canal commence au réſervoir, & tombe dans la Seine , au-deſſus du petit cours. C'eſt un ouvrage digne des Romains : nous le devons à un illuſtre Prévôt des Marchands, * dont le goût, le zèle & l'amour pour le bien public & pour l'embelliſſement de la ville nous laiſſent des monumens immortels à ſa gloire dans preſque tous les quartiers de Paris.

* Monſieur Turgot, conſeiller d'état.

## PONTS SUR LA SEINE.

Le pont Royal.
Le Pont-neuf.
Le pont de la Tournelle.
Le pont de l'Isle de Louviers.
Le pont Marie.
Le pont Rouge.
Le pont de l'Hôtel-Dieu.
Le pont Notre-Dame.
Le pont du Châtelet.
Le pont aux Changes.
Le pont S. Michel.
Le pont de l'Isle des Cygnes , &c.

*Six endroits où l'on passe la riviere en bateau.*

A la Rapée.

Au Mail.

A la Greve.

Des grands degrés au Cloître N. D.

Au Port S. Nicolas.

Au Port de la Conférence.

*Vingt-cinq ports ou gares pour les bâteaux & coches chargés de marchandises , bois, charbon , foin , &c.*

*Rive droite de la riviere.*          *Rive gauche.*

Le port de la Rapée.          Le port de l'Hôpital Général.

Le port au Platre.

Le port au dessus du Mail.          Le port de la barriere-Tournelle.

| *Rive droite.* | *Rive gauche.* |
| --- | --- |
| Le port du pont de Gramont. | Le port S. Bernard. |
| Le port S. Paul. | Le port de la Tournelle. |
| Le quai S. Paul. | Le port au-deſſous du pont. |
| Le quai du port Marie. | Le p. des Miramions. |
| Le port au foin. | Le pont S. Landry. |
| Le port au bled. | Le port des Théatins. |
| Le port de la Greve. | Le port de la Grenouillere. |
| Le port S. Nicolas. | Le port des Invalides. |
| Le port du pont Royal. | Le port de l'Iſle des Cygnes. |
| Le port de la Conférence. | Le port de l'Ecole Militaire. |

Le commerce dans tous ces ports eſt ouvert tous les jours depuis le premier Avril juſqu'au dernier Octobre à ſix heures du matin, & ſe ferme à ſix heures du ſoir ; & depuis le premier Novembre juſqu'au dernier Mars à ſept heures du matin juſqu'à cinq heures du ſoir.

Outre les ports au foin, il y a encore deux marchés où le foin ſe porte en charretes ; & c'eſt là que ſe vend le meilleur foin, le foin de fermier ou de laboureur.

Le premier de ces marchés eſt au haut

de la place S. Michel jufqu'aux Chartreux, & tient tous les jours.

Le fecond eſt au fauxbourg S. Antoine, & tient le mardi & le vendredi.

*Deux marchés pour l'avoine.*

Au port au bled.　　　Au marché de la halle.

Quinze marchés au pain, où un certain nombre de boulangers, tant de la ville que du dehors, doivent étaler leurs pains les mercredis & ſes ſamedis.

Plus de 30. marchés qui tiennent tous les jours dans les différens quartiers, où les cultivateurs de la campagne portent les productions de la terre & de leur induſtrie pour la ſubſiſtance des habitans de la ville.

Plus de 100. chantiers où l'on va prendre le bois à brûler.

Six marchés au charbon de bois.

*On trouvera la taxe du Charbon, & du bois à brûler dans un Ouvrage que nous allons donner au public.*

Un marché principal pour la volaille, & pour toute ſorte de gibier.

La vallée . . . Quai des Auguſtins.

C'eſt-là où ſe portent d'abord toute la volaille & tout le gibier qui entrent dans Paris, d'où on les porte aux autres marchés.

Un marché aux veaux qui tient le ven-
dredi . . au-deſſus du port au Foin,
près le pont-Marie.

Il n'y a point de marché aux bœufs
dans Paris. Les bouchers vont acheter à
Poiſſy & à Saulx, où les marchands forains
menent leurs bœufs pour les vendre aux
bouchers de Paris, depuis le mardi de la
ſemaine ſainte juſqu'au mardi-gras.

Le marché de Saulx      le lundi.
Le marché de Poiſſi      le jeudi.

Un ( marché aux chevaux ⎧ mercredi
à l'extrémité du fauxbourg ⎨ &
S. Victor. ⎩ ſamedi.

## *LES HALLES.*

Les halles doivent leur premier établiſ-
ſement à Louis VI. Philippe Auguſte en
augmenta le nombre, & les renferma dans
le quartier où nous les voyons aujourd'hui:
nous en comptons au moins dix-huit, tant
halles couvertes, que halles découvertes:
la halle aux draps, la halle aux toiles,
la halle aux cuirs, la halle à la marée
fraîche, la halle à la ſaline, la halle au
bled, la halle au vin, &c.

## MINISTERE.

LE Roi ne pouvant veiller par lui-même à tous les détails de l'administration de son royaume, est obligé de confier l'exercice de sa puissance à ses Ministres & autres Officiers. L'administration de la justice au Chancelier de France & aux Tribunaux : les affaires avec les puissances étrangères, les affaires du clergé, les affaires de la guerre, les affaires de la marine à des Sécretaires d'état : enfin l'administration des finances & du département du commerce à un Controlleur-Général des finances.

Louis XIII. par un Réglement du 11. Mars 1626. fixa les départemens des quatre Sécretaires d'état. Les Sécretaires d'état, chacun dans sa partie, expédien les depêches de sa Majesté, ses Lettres de cachet, les brevets, les arrêts du Conseil d'en-haut, & les provisions qu'ils signent en commandement. Ils gardent & signent les minutes des traités de paix, des contrats de mariage passés en présence du Roi, & des autres affaires importantes de la Couronne. Ce sont eux qui conduisent les Députés des Parlemens, des Etats, des Provinces, &c.

l'audience du Roi, chacun fuivant le dé-
partement dans lequel ces compagnies fcnt
ituées. Toutes les lettres de ces compagnies
u Roi doivent être adreffées aux Sécretaires
l'état, &c.

# SECRETAIRES D'ETAT.

## A MAISON DU ROI, LE CLERGE', LA VILLE DE PARIS, &c.

Monfieur LE COMTE DE SAINT FLORENTIN,
*Miniftre & Sécretaire d'Etat.*

Audience le lundi, *au Louvre.*

M. du Chenne Sécretaire, au petit Hôtel
d'Evreux, *fauxbourg faint Honoré.*

### PREMIERS COMMIS.
*Et Affaires de chaque Bureau.*

M. Menart de Clefle, *à Verfailles.*
La maifon du Roi, le département de
Paris & la généralité, les généralités d'Or-
léans, Poitiers, la Rochelle & Soiffons.

M. de Livry, *à Verfailles.*
Les départemens des Provinces de Lan-
guedoc, Provence, Bretagne, Bourbonnois,
Touraine, Limofin, Auvergne, Bearn, Foix,
Bourgogne, Breffe, Picardie.

M . Eydieu, *à Versailles.*

Même département que M. de Livry pour toutes les villes, corps & communautés, affaires eccléfiastiques, & toutes celles qui peuvent regarder les Evêques.

M. Douin, *à Versailles.*

La Guyenne haute & baffe, ce qui comprend les Intendances de Bordeaux & Auch ; la Normandie qui comprend les généralités de Rouen, de Caen & d'Alançon ; la Champagne & la partie de la Brie qui dépend de la généralité de Châlons ; la ville & la généralité de Lyon , & le Berry.

M. Robineau, *à Versailles.*
Le Sécretariat.

## LA GUERRE.

Monfieur LE MARECHAL DE BELLE-ISLE, Duc & Pair de France, Prince du Saint-Empire, Miniftre & Sécretaire d'état, ayant le département de la guerre.

Monfieur DE CREMILLE Lieutenant général des armées du Roi, grand-croix de l'ordre Royal & militaire de S. Louis, infpecteur général d'Infanterie & de Cavalerie.

PREMIERS COMMIS.

M. le Tourneur,          *à Verfailles.*

L'ordre de S. Louis, les provifions & lettres des grands croix, commandeurs, penfionnaires & chevaliers, & les ordonnances dudit ordre pour le payement des penfions : les commiffions, lettres & brevets pour toutes les troupes : les congés des officiers des troupes : les penfions de retraites en général, & les graces relatives aux Officiers actuellement au fervice : les promotions d'Officiers généraux, les gouvernemens & états-majors des places.

» Les brevets & commiffions de ces deux
» derniers articles s'expédient au bureau
» de M. de Fumeron.

M. de Ségent,          *à Verfailles.*

L'expédition des ordonnances de fonds au tréfor royal, & la diftribution de ces fonds pour le payement des troupes & de toutes les autres dépenfes du département, du Sécretaire d'état de la guerre : des ordonnances de penfions & gratifications au tréfor royal, & fur le quatriéme denier : les reliefs, les appointemens des Infpecteurs, le traitement des Officiers-généraux employés : les états du Roi pour les

armées : les appointemens des commissai-
res des guerres , des états-majors des
places, frontiéres & garnisons ordinaires,
& des officiers réformés retirés dans les
Provinces, ou en résidence dans les places
frontiéres : la composition des ordonnan-
ces pour le payement des troupes , tant
en hiver qu'en campagne : l'ustensile &
quartier d'hiver pendant la guerre : les
comptes des Trésoriers-généraux de l'ex-
traordinaire des guerres , & du quatrième
denier ; ceux des vivres & fourrages &
de la viande en temps de guerre , des
étapes & des régies de toute espéce, lorsqu'il
y en a pendant la guerre.

---

**M.** de Fumeron ,                    *à Versailles.*

La correspondance avec les généraux des
armées , les commandans & intendans des
provinces & les commandans des places,
& des regimens, & sur tout ce qui intéresse
le service & la discipline des troupes :
l'expédition des pouvoirs, brevets & let-
tres de service des Officiers-généraux : des
provisions, commissions, ordres & brevets
des officiers de l'état-major de la cavale-
ries & des dragons : des gouverneurs &
autres officiers de l'état-major des places,
& leurs congés : les commissaires des guer-

res & les affaires de ce département, autres que celles qui font contentieuses.

---

M. Marie.                                à *Verfailles*.

Les affaires contentieufes, qui fe portent au confeil des dépêches & autres affaires des provinces du département : l'expédition des arrêts, lettres-patentes, ordres, &c. qui en dépendent : les lettres d'état, fauf-conduits, furféances, paffeports & brevets de retenuë, de penfion & de grace : les états & ordonnances fur les fonds du taillon : la vérification des états au vrai de l'ordinaire des guerres & des maréchauffées : l'état des garnifons ordinaires du royaume : les affaires de l'ordre de faint louis, & les provifions des charges de cet ordre : l'école royale & militaire : la correfpondance pour la fignature des états & arrêts de finance, & celle des expéditions de chancellerie, qui regardent les provinces du département.

---

M. de Montmirel,               à *Verfailles*.

Les poudres & les falpêtres, l'artillerie, l'armement des troupes.

---

M. Dubois.                        à *Verfailles*.

Les ordonnances concernant la création, l'augmentation & la réforme des troupes : le détail de la milice : les revenus d'infpecteurs : les fortifications & le corps royal de l'artillerie & le génie : les écoles & les commissaires des guerres dudit corps : la remise des fonds pour la solde des bataillons de ce corps, pour les dépenses de l'artillerie & des fortifications : les comptes des trésoriers généraux du corps, & les revuës des bataillons.

M. Dubuisson,            *à Versailles.*

Les subsistances des troupes, tant en pain de munition, qu'en viandes & fourrages : les bois & lumiére, & les approvisionnemens extraordinaires que les circonstances peuvent éxiger.

M. Logette.            *à Versailles.*

Les maréchaussées,

M. de S. Laurent.          *à Versailles.*

L'habillement des gardes-du-corps, des troupes & de la milice : les masses des troupes, les drapeaux & les étendarts.

M. de Chenevieres.        *à Versailles.*

Le détail des hôpitaux militaires : les lits, tant des casernes que des hôpitaux : les ustensiles & fournitures des casernes & corps-de-garde.

. de Chateauvillard, *à Versailles.*
Les invalides, les déserteurs & le con-
ble des troupes.

. Desnois, *à Versailles.*
Les dettes des troupes.

## A LA MARINE

Monsieur BERRYER, Ministre & secrétaire
'état, ayant le département de la marine.

### PREMIERS COMMIS.

M. Pellerin, *à Versailles.*
L'approvisionnement& la police des ports,
& les affaires courantes, &c.

M. le Guay, *à Versailles.*
Les consulats & le commerce.

M. Truget, *à Paris.*
Les bois & le dépôt des papiers concer-
nant le service de la marine. Son bureau
est aux petits peres, place des victoires.

M. Accaron, *à Versailles.*
Les colonies, & tout ce qui y a rapport

M. Chevalier, à Versailles.
Les fonds & les invalides.
M. Nitard, à Paris, croix des petits champs.
Les comptes de la marine.

M. Rodier, à Versailles.
Les officiers d'épée & de plume : les compagnies franches de la marine & les galeres.

M. de la Riviere, à Versailles.
Les classes.

M. Bourline, à Versailles.
Les fortifications maritimes.

M. David, à Versailles.
Les gardes-côtes, &c.

## LES AFFAIRES ETRANGERES.

M. LE DUC DE CHOISEUL, ministre & secrétaire d'état, ayant le département des affaires étrangéres.

PREMIERE

## PREMIERS COMMIS.

M. l'abbé de la Ville,			*à Versailles.*
   L'Espagne, l'Angleterre, les états de Hollande & l'Italie.

M. de Bussy,			*à Versailles.*
   L'Allemagne, & tous les états du Nord.

M. Tercier.			*à Versailles.*
La Suisse, & tout le Levant.

M. Gaudin,			*à Versailles.*
   Les fonds.

LA VILLE, prévôté & vicomté de Paris est dans le département de M. le comte de S. Florentin. Nous placerons ici M. le lieutenant général de police & M. le prévôt des marchands, à cause des relations journaliéres & nécessaires de ces deux magistrats avec les ministres & sécretaires d'état, & sans prétendre rien changer à l'ordre naturel.

## LA POLICE.

*Police* se dit de l'ordre qui doit s'observer dans la ville pour y maintenir la discipline & empêcher les défordres, & de la jurifdiction que les tribunaux & le magiftrat exercent pour la fûreté des habitans, & pour la confervation du bon ordre. Le bon ordre confifte à entretenir la netteté & la fûreté dans la ville, l'abondance des denrées néceffaires à la vie, l'obfervation des ftatuts des marchands & artifans, à réformer les abus qui fe peuvent commettre dans le commerce, à empêcher le fcandale public, à extirper de la ville les lieux de débauche & les jeux défendus, &c.

La direction de la police de Paris appartenoit autrefois au lieutenant civil fous l'autorité du Parlement. Les fonctions de la juftice & de la police fe trouvant fouvent incompatibles, & d'une trop grande étenduë, & la police qui n'a d'autre objet que le fervice du prince & l'ordre public, tenant plus des fonctions du gouvernement que de celles du barreau & de la jurifdiction contentieufe, Louis XIV. jugea à propos de créer par un édit du mois de Mars 1667. un officier appellé *Lieutenant-général de police* ; & fa Majefté pourvut par le même édit à la fûreté publique par l'établiffement des lanternes, par le redoublement du guet & de la garde, par un réglement fur le port d'armes & contre les gens fans aveu, & par plufieurs autres fages ordonnances dont l'exécution fut confiée, fous la même

autorité, à M. de la Reynie premier Lieu-
tenant-général de police. Toutes les fonc-
tions & les droits de cette charge font
détaillés & réglés dans l'édit de création,
& dans l'arrêt d'enrégiftrement qui eft du
même mois.

*Lieutenants - généraux de police , depuis*
*l'édit de création.*

M. de la Reynie.
M. d'Argenfon.
M. de Machaud.
M. le comte d'Argenfon.
M. de Baudry.
M. d'Ombreval.
M. Herault.
M. de Marville.
M. Berrier, *aujourd'hui miniftre & fécre-*
*taire d'état , ayant le département de la*
*marine.*

Monfieur BERTIN, maître des requêtes,
ancien intendant de la généralité du Rouffil-
lon , & de celle de Lyon ; aujourd'hui
lieutenant - général de police , *rue neuve*
*faint Auguftin.*
Audience publique, mardi & famedi , de-
puis neuf heures jufqu'à midi.

*Premiers Commis, & leurs diftricts.*

M. Chaban,                    près les Capucines.

___

M. Roffignol,                    rue Boutebrie.
M. Paradis,                    cour des Miracles.
Les ordres du roi.

___

M. Huard,                    rue Montmartre.
Chambres & hôtels garnis: illumination
& nettoyement des rues.

___

M. Laurent,        rue & vis-à-vis S. honoré.
Le renvoi des placets & mémoires pour
information: la librairie, l'impreffion, les
colporteurs, les afficheurs, les fpectacles,
les foires, les bureaux des nourrices, l'u-
fage du gras pendant le carême, & les per-
miffions qu'on accorde à cet égard aux trai-
teurs: les billets pour les hôpitaux, tant
pour les malades de maladie venerienne,
que pour les pauvres.

___

M. Puiffant,                    rue de Richelieu.
Toutes les affaires concernant l'approvi-
fionnement de Paris.

M Imbert, *rue neuve des petits champs.*
Le militaire, & tout ce qui le concerne.

M. la Roche, *rue & au caffé de Condé.*
Les prisonniers de police.

M. Duval pere,
M. Duval fils, *petite rue S. Louis.*
La baitille & tout ce qui la concerne.

M. Mesnard. *rue feydeau.*
M. Guillemain, *idem.*
Les manufactures : le bureau du commerce : sauf-conduits : affaires contentieuses : religionnaires : étoffes prohibées : la bourse : la chambre syndicale de la librairie pour les visites & les saisies : la taxe des mémoires des officiers & les dépenses secretes.

M. Dupré, *rue neuve des petits champs.*
Les corps & communautés des arts &

métiers, & tout ce qui concerne leurs pri-
viléges, leurs affaires contentieuses au châ-
telet, leur capitation, &c.

M. Damcourt ,     *rue de la haute Vannerie*
M. Cayon ,        *rue Percée.*
M. Monbine ,      *rue Plâtriere.*
M. Pigache ,       *dans l'ancien Cerf.*
M. Gallois ,      *rue neuve saint Roch.*

Nous avons observé, en parlant de la
de la ville en 20 quartiers, qu'il y a dans
chacun des officiers commis & préposés à
certaines fonctions, & principalement à y
maintenir la police : ces officiers, au nombre
de 48. sont des commissaires au châtelet,
qui ont en cette qualité M. le lieutenant-
général de police pour chef : il y a aussi un
inspecteur de police dans chaque quartier.

## ADMINISTATION ET POLICE.

Nous entendons ici par le terme d'*ad-
ministration*, le gouvernement municipal,
ou l'administration des affaires & des finan-
ces de la ville : cette administration appar-
tient au prevôt des marchands & échevins,
de même que le droit de police & de ju-
risdiction sur les ports & les quais, & sur
toutes les marchandises qui sont conduites
à Paris par la riviere : le droit de mettre

& de taxer le prix defdites marchandifes avant qu'elles fe débitent dans les ports, &c.

La multitude des affaires de cette grande ville, & le commerce immenfe qui s'y fait, produifoient autrefois de fréquentes difficultés entre les officiers du châtelet, & les prevôt des marchands & échevins de la ville. Louis XIV. pour écarter les inconvéniens que caufent les conflits de jurifdiction, toujours contraires au bien de la juftice, à l'ordre public & à la dignité des magiftrats, qui font obligés d'y prendre part, regla par un édit du mois de juin de 1700. la jurifdiction du lieutenant-général de police & celle des prévôt des marchands & échevins de la ville.

Le prevôt des marchands eft un magiftrat établi à la tête du corps de ville, & d'une jurifdiction qui en fait partie. Cette jurifdiction, qui releve du parlement, s'étend fur tout ce qui concerne l'approvifionnement de Paris venant par eau, fur lequel elle a la même infpection que la *police* a fur les approvifionnemens venans par terre. La navigation, & tout le commerce qui fe fait fur la Seine, depuis fa fource jufqu'à fon embouchure, & fur toutes les rivieres y affluentes: la conftruction & l'entretien des ponts, ports, quais, fontaines, égoûts & de tous les autres édifices publics d'uti-

lité & d'embellissemens. Les fêtes & réjouis-
sances publiques ; les rentes & tontines,
& l'administration générale des revenus
de la ville, appartiennent, comme nous
l'avons déja observé, à cette jurisdiction,
qui est composée du prévôt des marchands,
de quatre échevins, du procureur du Roi
& de la ville, du receveur de la ville, &
du greffier.

*Prévôts des marchands de Paris depuis le
regne de saint Louis.*

| | | |
|---|---|---|
| Regne de saint Louis. | Jean Augier nommé prévôt des marchands par le Roi S. Louis en 1268. | |
| Philippe III. | Guillaume Pisdoé. | 76 |
| | Guillaume Bourdon. | 80 |
| Philippe IV. | Jean Arrodé. | 89 |
| | Jean Popin. | 89 |
| | Guillaume Bourdon remis. | 96 |
| | Estienne Barbette. | 98 |

| | | |
|---|---|---|
| | Guillaume Pifdoé re-mis.. | 1304 |
| Louis X. | Eſtienne Barbette re-mis. | 1314 |
| Philippe V. | Jean Gentien. | 21 |
| Le Roi Jean. | Eſtienne Marcel. | 55 |
| | Jean Culdoé. | 55 |
| | Jean Deſmarets. | 59 |
| Charles V. | Jean Fleuri. | 71 |
| | Audouyn Chauveron. | 80 |
| Charles VI. | Jean de Folleville. | 88 |
| | Jean Juvenal des Urſins. | |
| | Charles Culdoé. | 1404 |
| | Pierre Gentien. | 11 |
| | André Deſpernon. | 11 |
| | Guillaume Ciriaſſe. | 13 |
| | Pierre Gentien remis. | 13 |
| | Philippe de Brébant. | 15 |
| | Guillaume Ciriaſſe remis. | 17 |

C v.

|                    | Noël Prevot.              | 1418 |
|                    | Hugues le Coq.            | 19   |
|                    | Guillaume Sanguin.        | 20   |
|                    | Hugues Rapioult.          | 21   |

---

| Charles VII. | Michel Luillier. | 36 |

>> La même année 1436. la ville de
>> Paris se soumit à l'obéissance du Roi
>> Charles **VII.**

|                    | Pierre des Landes.        | 38 |
|                    | Jean Baillet.             | 44 |
|                    | Jean Burreau.             | 50 |
|                    | Dreux Budé.               | 52 |
|                    | Jean de Nanterre.         | 56 |
|                    | Henri de Livres.          | 60 |

---

| Louis X. | Michel de la Grange.       | 66 |
|          | Nicolas de Louviers.       | 68 |
|          | Denys Hesselin.            | 70 |
|          | Guillaume le Comte.        | 74 |
|          | Henri de Livres *remis*.   | 76 |

---

| Charles VIII. | Guillaume de la Haye.  | 84 |
|               | Jean du Drac.          | 86 |
|               | Pierre Poignant.       | 90 |
|               | Jacques Piédefer.      | 90 |

|                | Nicole Viole. | 1494 |
|                | Jean de Montmiral. | 96 |

---

| Louis XII. | Jacques Piédefer *remis*. | 98 |
|            | Nicolas Potier. | 1500 |
|            | Germain de Marle. | 2 |
|            | Euſtache Luillier. | 6 |
|            | Dreux Raguier. | 6 |
|            | Pierre le Gendre. | 8 |
|            | Robert Turquant. | |
|            | Roger Barme. | 12 |
|            | Jean Boulart. | 14 |

---

| François I. | Pierre Clutin. | 16 |
|             | Pierre Leſcot. | 18 |
|             | Antoine le Viſte. | 20 |
|             | Guillaume Budé. | 22 |
|             | Jean Motin. | 24 |
|             | Germain de Marle. | 26 |
|             | Gaillard Spifame. | 28 |
|             | Jean Luillier. | 30 |
|             | Pierre Violle. | 32 |
|             | Jean Fronçon. | 34 |
|             | Auguſtin de Thou. | 38 |
|             | Etienne de Montmiral. | 40 |
|             | André Guillard. | 42 |
|             | Jean Morin. | 44 |
|             | Louis Gayant. | 46 |

| | | |
|---|---|---|
| Henri II. | Claude Guyot. | 1548 |
| | Christophe de Thou. | 52 |
| | Nicole de Livres. | 54 |
| | Nicolas Perrot. | 56 |
| | Martin de Bragelonne. | 58 |

| | | |
|---|---|---|
| François II. | Guillaume de Marle. | 60 |
| & | Guillaume Guyot. | 64 |
| Charles IX. | Nicolas le Gendre. | 66 |
| | Claude Marcel. | 70 |
| | Jean le Charron. | 72 |

| | | |
|---|---|---|
| Henri III. | Nicolas Luillier. | 76 |
| | Claude Daubray. | 78 |
| | Auguste de Thou. | 80 |
| | Etienne de Neully. | 82 |
| | Nicolas Hector de Péreuse. | 86 |

>> Le 12 Mai 1588. le prévôt des mar-
>> chands dépossedé par la faction des seize,
>> & mis à la bastille.

| | | |
|---|---|---|
| Henri IV. | Charles Boucher. | 90 |
| | Jean Luillier. | 92 |

|  | Claude le Peletier. | 1668 |
|  | Auguste Robert de Pommereu. | 76 |
|  | Henri de Fourcy. | 84 |
|  | Claude Bose d'Ivry. | 92 |
|  | Charles Boucher d'Orsay. | 1700 |
|  | Jerôme Bignon. | 8 |

| Louis XV. heureusement regnant. | Charles Trudaine. | 16 |
|  | Pierre-Antoine de Chateauneuf. | 20 |
|  | Nicolas Lambert. | 25 |
|  | Michel - Etienne Turgot. | 25 |
|  | Felix Aubery Marquis de Vastan. | 40 |
|  | Louis - Basile de Bernage. | 1743 |

Monsieur DE PONTCARRÉ DE VIARMES, conseiller d'état, nommé prevôt des marchands le 16. août 1758. *rue de Varenne.*

Audience tous les jours, quand M. le prevôt des marchands est chez lui.

M. Brallet, conseiller de ville, élu échevin le 16. août 1757.

M. Vernay, élu échevin, le 16. août 1757.

M. Bourray, élu échevin le 16. août 1758.

M. André, avocat au conseil, élu échevin le 16. août 1758.

M. Moriau, procureur & avocat du roi & de la ville.

M. Taitbout, greffier en chef.

M. Boucot, receveur de la ville.

---

M. Pain, avocat au parlément, fécretaire de la prévôté des marchands & de la ville, *rue du Bacq.*

M. le prevôt des marchands eſt chargé, comme commiſſaire du conſeil, de tout ce qui concerne l'impoſition de la capitation fur les bourgeois & habitans de Paris, & celle du vingtiéme.

M. de Montjardet, fecrétaire, chargé de ces deux parties, *rue du Bacq.*

---

*La compagnie des chevaliers de l'arba-lêtre & de l'arquebuſe de Paris.*

Cette compagnie eſt réputée preſqu'auſſi ancienne que la monarchie : l'on en voit des veſtiges fous Louis le Gros, en 1108. & fous le roi Philippe-Auguſte, en 1180. S. Louis en fit en 1245. une compagnie réguliére, fixée à 200. hommes en 1359; elle a été approuvée & confirmée par les rois ses successeurs.

Le roi, souverain, chef & fondateur.

Le gouverneur de Paris, protecteur.

Les prevôt des marchands & échevins, bienfaiteurs.

Elle a un colonel, un lieutenant-colonel, un capitaine commandant, un capitaine en second, un premier aide - major, un premier lieutenant, un enseigne, un second lieutenant, un guidon, un aumônier, un chirurgien & un tréforier.

---

*Troupes résidentes dans Paris, établies, tant pour la sûreté des habitans, que pour les cérémonies ou autre service.*

La compagnie de la connétablie, gendarmerie, maréchaussée de France, camps & armées du Roi. *Voyez plus bas, après le tribunal des maréchaux de France.*

---

La compagnie du prévôt général de la maréchaussée de l'isle de France, établie dans la banlieue de Paris. Elle est sous les ordres du ministre, ayant le département de Paris.

La compagnie de la prévôté générale des monnoies & maréchauflées de France.

La compagnie du lieutenant-criminel de robe-courte.

La compagnie du guet à pied.
La compagnie du guet à cheval.

La compagnie des arbalêtriers de la ville.
La compagnie des archers de la ville.
La compagnie des arquebufiers de la ville.

Ces trois compagnies, fous le même commandant, forment un corps de 300. hommes avec un état major.

La compagnie des gardes de nuit, pour la garde & la police des ports, chantiers, boulevards & remparts : elle eft aux ordres de la ville, & fous le commandement de M. de Roquemont chevalier de S. Louis, commandant du guet.

# ADMINISTATION GENERALE

## DES FINANCES DU ROI

## ET DE L'ETAT.

LEs finances du roi étoient autrefois administrées par un fur-intendant des finances, qui avoit le privilége de n'être point comptable. Louis XIV. fupprima la fur-intendance, par édit du 15 feptembre 1661, & en attribua toutes les fonctions au controlleur-général des finances, qui eft le chef actuel de cette partie. Il eft aidé par fix intendans de finances, qui ont chacun leur département fixé. Les détails journaliers concernant les finances font partagés entre plufieurs premiers commis qui ont des bureaux, à chacun defquels il y a un chef de bureau.

---

Monfieur DE BOULOGNE, controlleur-général des finances.

Audiance publique le jeudi, *à l'hôtel du controlleur-général des finances.*

## PREMIERS COMMIS.

M. Clautrier,                     *à Versailles,*
          *& à Paris, rue Paradis.*
Les arrêts pour les commissions extraor-
dinaires du conseil.

---

M. Boudrey,                     *à Versailles,*
          *& à Paris, rue du grand-chantier.*
Le bureau des dépêches : le renvoi aux
intendans des finances & autres de toutes
les lettres, mémoires & requêtes : les mé-
moires pour le roi : l'instruction & la suite
des affaires qui n'ont point de départe-
ment fixe : les rentes sur la ville & autres :
les états du roi desdites rentes & ceux des
gabelles.

---

M. de Villiers p. }                     *à Versailles,*
M. de Villiers f. } *& à Paris, rue des Juifs*
Les affaires contentieuses du conseil :
le dépôt des papiers de la compagnie des
Indes : la vérification des états au vrai des
fermes générales, des petites gabelles, des
dépenses pour le roi, & des immeubles qui
passent d'un bail à l'autre : l'imprimerie
royale & ce qui concerne le cahier du tem-
porel du clergé.

**M. Barbey**, *à Versailles,*
*& à Paris, rue des Juifs.*

La signature de tous les arrêts, édits &
déclarations du roi : l'expédition des arrêts
en commandement, concernant les parties
casuelles, la police, le commerce & les
monnoies : des édits, déclarations & lettres-
patentes, & le dépôt des minutes desdits
édits & déclarations : la rédaction des arrêts
portant subrogation des fermiers généraux
& de Messieurs les maîtres des requêtes :
la signature de tous les états au vrai du
roi, & rolles passant au conseil royal des
finances : les ordonnances pour la capitation
de la cour & de Paris.

**M. Philippes**, *place Vendôme.*

**M. Tannevot**, *rue Plâtriere.*
L'examen des projets : les affaires parti-
culiéres, &c.

## CONSEILS DE FINANCES.

LEs affaires des finances, des domaines, & des droits de la couronne, font traitées dans un confeil, appellé le confeil des finances, tenu par le roi, M. le chancelier, un chef du confeil, qui eft d'épée, M le controlleur-général, Meffieurs les intendans des finances, confeillers d'état & maîtres des requêtes : les maîtres des requêtes y affiftent debout. Les différends qui arrivent entre les fermiers ou traitans, & les autres particuliers au fujet de ces affaires, y font jugés conformément au réglement du 15, feptembre 1661.

Il y a encore un confeil ordinaire des finances, où fe traitent feulement les affaires qui regardent les finances du roi. Les arrêts qui s'y rendent, font fignés par un fécretaire du confeil.

Le confeil royal des finances, établi au mois de feptembre 1681. eft compofé du chancelier de France, du controlleur général des finances & de trois confeillers d'état nommés par le roi, pour connoître des affaires les

plus importantes des finances, réservées
par le réglement de 1661.

## TRESOR ROYAL.

LE trésor royal, qu'on appelloit l'épargne sous François I. est le lieu où se portent tous les deniers qui, toutes les charges acquittées, reviennent au roi de toutes les recettes générales, fermes, parties casuelles & tous autres deniers qui entrent dans les coffres du roi. Il y a deux gardes du trésor royal qui font le service alternativement & par années, pour payer les pensions, récompenses, gratifications, ou pour faire des remboursemens, &c.

### GARDES DU TRESOR ROYAL.

M. Micault d'Arvelay, *rue neuve des petits champs.*
En exercice l'année 1759, & commis aux exercices de M. Paris de Montmartel, des années 1746, 1749, 1751 & 1755.

M. Le Clerc, premier commis du trésor royal.

M. Duvergier, caiſſier du grand comp-
tant.

M. Valange, caiſſier du petit comptant.

———

M. Savalette de Magnanville, *rue ſaint
Honoré*, *près la place Vendôme*.

En éxercice l'année 1760.

M. Montaran, premier commis du tré-
ſor royal, *rue Royale*.

M. Méat, caiſſier du grand comptant,
*rue neuve des petits champs*.

M. La Rue, caiſſier du petit comptant,
*rue Gaillon*.

Le tréſor royal eſt ouvert tous les jours
indiſtinctement pour les recettes & dépen-
ſes de l'état.

## INTENDANS DES FINANCES.

*Leurs premiers commis, & les parties dont
chacun d'eux eſt chargé.*

L Es charges d'intendans de finances don-
nent le titre de conſeiller d'état à ceux qui
en ſont pourvus, avec rang & ſéance au
conſeil, du jour de leur réception.

M Trudaine, conseiller d'état ordinair
& au conseil royal, intendant des finances
*rue des vieilles Audriettes.*

M. Trudaine de Montigny, en survivance
Audiance le matin, mercredi & samedi

PREMIERS COMMIS.

M. Passelaigue, *rue sainte croix de la Bré*
*tonnerie.*

Les gabelles & les cinq grosses fermes
les états des gabelles: ceux des finances de
Provence.

———

M. de la Roche, *rue du Chaume.*
Les ponts & chaussées de France, & tou
ce qui y a rapport.

———

M. Bruyard, *rue saint François.*
Les affaires du commerce & les manu
factures: la balance du commerce: les mi
nes & miniéres.

———

M. Naudet, chez M. Trudaine.
Le renvoi des placets & mémoires.

Monsieu

Monſieur D'ORMESSON D'AMBOILE, conſeiller d'état, intendant des finances, *Place Royale.*

Audience le matin,     *le jeudi.*

PREMIERS COMMIS.

M. de la Peyre,   *rue du Parc-royal.*

Les tailles & le taillon : la capitation : les états des finances des pays d'élection : ceux de Franche-Comté, Bourgogne, Flandres, Hainaut, Metz, Alzace : les poudres & les ſalpêtres : les étapes, les vivres & le dixiéme de retenuë.

---

M. de Boiſſy , *rue des Marais fauxbourg ſaint Germain.*

Les états au vrai de l'extraordinaire des guerres & des parties caſuelles.

---

M. Lefévre,    *chez M. d'Ormeſſon.*
Le renvoi des placets & mémoires.

D

Monsieur BARBERIE DE COURTEILLE, conseiller d'état, intendant des finances, *rue de l'Université.*

Audience le matin,    *le samedi.*

PREMIERS COMMIS.

M. Lorrain,     *rue Jacob.*
Les amortissemens, francs-fiefs, nouveaux acquets & usages : les octrois : les ligues Suisses & dettes des communautés.

M. Heron,     *rue Taranne.*
Les états des finances de Toulouse & de Montpellier : le grand-conseil, les parlemens, la vente des offices des receveurs des octrois : les états du Roi des domaines, & toutes les affaires de direction & administration des domaines.

M. Mars,     *rue de Berry.*
Les affaires contentieuses concernant les domaines du Roi : la revente des domaines aliénés.

M. Gaudet, à l'hôtel de Clermont-Ton-
nerre,                *quai des Miramionnes.*
La direction générale du vingtiéme, &
celle des approvisionnemens du royaume
pour la partie des grains.

M. Lartizien,                         *idem.*
La confection des états des prix des grains
& denrées.

M. Hermant,     *cul-de-sac d'Argenson.*
La direction générale du vingtiéme des
offices & droits.

Monsieur CHAUVELIN, conseiller d'état,
intendant des finances,     *rue Porte foin.*
Audience le matin,                *le jeudi.*

PREMIERS COMMIS.

M. Vincent, *vis-à-vis la rue de Fourcy,
rue saint Antoine.*
Les droits de contrôle des actes, insinua-

tions, centiéme denier, petit-scel, contrôle
des exploits, greffes, droits réservés, & for-
mules, en ce qu'elle fait partie de la fer-
me du domaine.

M. Choderlos,              *rue Porte-foin.*
Les aides & droits y joints : la marque
d'or & d'argent : la marque des fers : les
chambres des comptes : les cours des
aides : les bureaux des finances : les im-
pôts & billots de Bretagne : les restes de la
ferme du tabac.

Monsieur MOREAU DE BEAUMONT, con-
seiller d'état, intendant des finances, *rue*
*Vivienne.*
Audience le matin,          *le jeudi.*

PREMIER COMMIS.

M. de la Pierre,    *rue des bons Enfans.*
Les eaux & forêts : les états des bois.

M. de Bourges , *chez M. de Beaumont.*
La ferme des postes : la ferme des droits
rétablis : celle des huiles : les états des fi-
nances d'Artois.

Monſieur DE BOULOGNE , conſeiller d'état , intendant des finances , à l'hôtel du controlleur-général, *rue neuve des petits champs.*

Audience le matin,      *le vendredi.*

PREMIERS COMMIS.

M. Bonnemain.
Le contrôle du tréſor royal , & toutes les expéditions des finances.

---

MM. Des Champs, pere & fils.
Les enregiſtremens.

---

M. Pelzaire.
Le bureau de l'adminiſtration des hôpi- taux & maiſons de charité de toutes les provinces du royaume.

---

M. Merlet , ſécretaire.
Les requêtes & arrêts.

Tous les bureaux de M. de Boulogne ſont *à l'hôtel du controlleur-général.*

## DEPARTEMENT DU COMMERCE.

LE commerce de l'intérieur du royaume, & de l'extérieur par terre est dans le département du contrôleur général des finances; il y a quatre intendans du commerce pour cette partie : ils sont du corps du conseil du Roi, jouissent des mêmes rangs, honneurs, prérogatives, privilèges, exemptions, droits de *committimus* au grand sceau, & franc-salé dont jouissent les maîtres des requêtes. Le bureau du commerce est composé de plusieurs conseillers d'état & desquatre intendans du commerce, qui y rapportent chacun ce qui concerne son département. Ce bureau se tient le Jeudi matin chez M Feydeau de Brou, conseiller d'état ordinaire & au conseil royal, qui en est le président, *rue de l'Université.*

## INTENDANS DU COMMERCE.

Monsieur BOULA DE QUINCY, maître des requêtes, & intendant du commerce, *rue neuve saint Fra çois.*

Audience le matin, *tous les jours.*

PREMIER COMMIS.

M. Quenel,                    rue saint Anaſtaſe.

___________

Monſieur DE MONTARAN, maître des requêtes, & intendant du commerce, *rue du grand Chantier.*
Audience le matin à 9 henres,  *tous les jours.*
L'après-midi        à 4 heures,

PREMIER COMMIS.

M. Contet,          *chez M. de Montaran.*

___________

Monſieur POTTIER, conſeiller à la cour des aides, & intendant du commerce, *Cloître saint Merri.*
Audience le matin,    *tous les jours.*

PREMIER COMMIS.

M. Vivant de Mezague, *chez M. Pottier.*

___________

Monſieur DE COTTE, maître des requêtes, & intendant du commerce, *aux galleries du Louvre.*

Audience le matin,  *tous les jours.*

PREMIER COMMIS.

M. du Cerf,  *rue saint Nicaise.*

## SECRETAIRE DU COMMERCE.

Monsieur LE GRAND, *Cloître des Jacobins, rue saint Honoré.*
M. Mesplet, premier commis, *au bureau de M. le Grand.*

Il y a onze députés des principales villes & provinces du royaume pour le commerce, qui sont résidens dans Paris, & qui s'assemblent deux fois la semaine chez le sécretaire du commerce pour donner leur avis sur les affaires qui leur sont communiquées par les ministres ou par les intendans du commerce : ils ne donnent point leur avis sur des mémoires envoyés ou présentés par des particuliers. Les jours d'assemblée sont les mardi & vendredi, depuis dix heures jusqu'à une heure.

*Les villes qui ont des députés à Paris pour le commerce, sont :*

La ville de Paris,    M. le Couteulx de la Norraye.

La ville de Lyon,    M. Pernon.
La ville de Rouën,    M Behic.
La ville de Marseille,    M. Simian.
La ville de Bordeaux,    M. Castaing.
La ville de Nantes,    M. de la Richardiere.

La ville de la Rochelle,    M.
La ville de S. Malo,    M. Marion.
La province du Languedoc,    les syndics des états alternativement.
La ville de Lille,    M. de Lecluse.
La ville de Bayonne,    M. du Livier.

Le commerce extérieur maritime est dans le département du sécretaire d'état de la marine.

*Dépôts de titres, archives, comptes, affaires étrangéres & autres.*

LE trésor des chartes de la couronne, à côté de la Sainte-Chapelle, *au Palais*, sous la garde de M. le procureur-général du parlement.

D. v.

Ce dépôt contient, par rapport à sa majesté, tous les titres, papiers & anciennes chartes de la couronne : personne ne peut y entrer, ni avoir aucune expédition des piéces & titres qui y font confervés, fans un ordre du Roi, adreffé à M. le procureur-général.

Le dépôt des archives des chevaliers des ordres du Roi, fous la garde de M. le marquis de Marigny, fécretaire, commandeur defdits ordres.

Ce dépôt eft ouvert tous les jours le matin & l'après-midi : mais on n'y entre point, & on ne peut avoir communication d'aucun des titres qui y font dépofés, fans un ordre de M. le marquis de Marigny.

Ce dépôt eft *aux grands Auguftins.*

M. Perier fécretaire pour cette partie, *rue faint Thomas du Louvre.*

Le dépôt du controlleur – général des finances pour tout ce qui concerne cette partie ; les rôles, baux, & comptes de toute efpéce : ce qui concerne les francs-fiefs, les recherches des faux nobles, &c. fous la garde

de M⁽ʳˢ⁾ { Pierron doyen des fubftituts du procureur-général du parlement.<br>Cocquelay de Chauffepierre avocat au parlement.

Ce dépôt eft.    *au Louvre.*

Il n'eſt ouvert que les {vendredi & mardi de-
puis 9 heures juſqu'à
1 heure.

Le dépôt des affaires étrangéres ſous la garde de M. le Dran,　　　　*au Louvre.*
Ce dépôt eſt ouvert tous les jours *le matin.*

Le dépôt des affaires de la guerre ſous la garde de M. de la Faye, *à l'hôtel des Invalides.*
Ce dépôt eſt ouvert tous les jours *le matin & l'après-midi.*

Le dépôt du département de la marine ſous la garde de M. Truguet premier commis de la marine,　　　　*aux petits Peres.*
Ce dépôt eſt ouvert tous les jours *le matin & l'après-midi.*

Le dépôt du ſécretaire d'état ayant le département de la maiſon du Roi , ſous la garde de M. Charlier,　　*aux petits Peres.*
Ce dépôt eſt ouvert tous les jours , *le matin & l'après-midi.*

Le dépôt de M. le comte de S. Florentin ſous la garde de M. Duchêne, *aux grands Auguſtins.*

Ce dépôt est ouvert tous les jours, *le matin & l'après midi.*

Le dépôt des anciennes minutes du conseil d'état privé du Roi, sous la garde de M. Pujol, sécretaire greffier honoraire dudit conseil, *vieille rue du Temple.*

Il est ouvert tous les jours, *le matin.*

Le dépôt des lettres patentes, édits, déclarations, ordonnances & arrêts du conseil enregistrés au parlement, sous la garde du greffier en chef du parlement, *dans les tours du Palais.*

Ce dépôt est ouvert tous les jours, *le matin & l'après-midi.*

Le dépôt des comptes du trésor royal, & autres de l'ordinaire & de l'extraordinaire des guerres, sous la garde du greffier en chef de la chambre des comptes.

Ce dépôt est ouvert tous les jours.

Les minutes des arrêts qui se rendent dans différentes jurisdictions, concernant les domaines ou autres droits de sa majesté, restent dans les greffes de chaque tribunal ou jurisdiction.

Le dépôt des archives du clergé sous la

garde de M. de Bauvais , *aux grands Augustins.*

Ce dépôt est ouvert tous les jours.

*********************

# GOUVERNEMENT.

AVant de parler du gouvernement militaire de la ville de Paris , nous croyons devoir dire un mot de la garde du Roi ; parce que quelques unes des troupes qui la composent , ont leur quartier ordinaire dans cette ville. Nous marquerons seulement le nom de ces troupes , & on pourra voir tout ce qui les concerne dans *l'état militaire de la France.*

La garde du Roi , du dedans du Louvre , est composée des quatre compagnies des gardes du corps : de la compagnie des cent Suisses : de la compagnie des gardes de la porte ordinaires : de la compagnie des gardes de la prévoté de l'hôtel du Roi , ou hoquetons ordinaires de sa Majesté.

La garde du Roi , du dehors du Louvre , est composée de la compagnie des gendarmes de la garde : de la compagnie des chevaux-legers de la garde : de la première compagnie des mousquetaires du Roi : de la seconde compagnie des mousquetaires du Roi : du regiment des gardes

Françoifes, & du regiment des gardes Suiffes.

La première compagnie des moufquetaires du Roi, appellés les moufquetaires gris, a fon quartier ordinaire à l'hôtel des moufquetaires, fauxbourg S. Germain, *rue du Bacq.*

La feconde compagnie des moufquetaires du Roi, appellés les moufquetaires noirs, a fon quartier ordinaire à l'hôtel des moufquetaires, fauxbourg S. Antoine, *rue Charanton.*

Le régiment des gardes Françoifes & le régiment des gardes Suiffes ont leur quartier ordinaire dans la ville, les fauxbourgs, & aux environs de Paris.

## GOUVERNEMENT MILITAIRE.

LE gouvernement de la ville, prévôté, & vîcomté de Paris comprenoit autrefois le gouvernement de l'Ifle de France : ils ont été défunis & réunis plufieurs fois : ils font féparés aujourd'hui. Le Roi Louis XIII. regla en 1641. que le gouverneur de Paris marcheroit au *Te Deum* après le premier préfident du parlement.

Les chartes & ancien titres ne font aucune mention de gouverneurs de Paris avant le regne de Philippe de Valois, attendu qu'avant ce temps le gouvernement , la juſtice & la police de cette ville capitale étoient réunis à l'office de prévôt de Paris. Ce gouvernement a été toujours donné à gens de la plus haute naiſſance.

## GOUVERNEURS DE PARIS.

*Depuis le regne de Philippe de Valois.*

| | |
|---|---|
| Regne de Philippe de Valois. | Jean ou Renaud de Gouillons gouverneur de Paris. 1345 |

---

| | |
|---|---|
| Le Roi Jean & Charles V. | Hugues Aubriot, prévôt de Paris & capitaine de cette ville & de ſa vicomté. 56 |
| | Charles le Mauvais roi de Navarre s'empara du gouvernement de Paris en 58 |
| | Thibaut de Chantemeſle établi à la garde de la ville de Paris ſous le roi Jean. |
| | Jean Maillard capi-|

taine établi pour la garde
de la ville de Paris sous
Charles V. en                1373

———

Charles VI.

Maurice Trezigvidi
capitaine au gouver-
nement de la ville de
Paris.                         86

Richard sire de Cour-
cy, capitaine au gou-
vernement de la ville
de Paris en                  1404

Jean de France duc
de Berry, frere du roi
Charles VI. gouverneur
de Paris en                    05

Waleran de Luxem-
bourg, connétable de
France, établi à la garde
de Paris par les factions
de la maison de Bour-
gogne en                       11

Pierre Gentien, prévôt
des marchands, établi à
la garde de Paris en           13

Hélion de Jacque-
ville, capitaine au gou-
vernement de Paris en          13

Le duc de Berry ré-
tabli en                       13

Louis de Loigny, ma-

réchal de France, établi à
la garde de Paris, en      1413

Robert de la Heuze,
prévôt de Paris, établi
à la garde de Paris, en      13

Louis d'Anjou II. du
nom, roi de Naples &
de Sicile, d'Arragon &c.
gouverneur de Paris
pour le duc de Bour-
gogne en      14

Jean sire de Büeil,
chambellan du roi de
Naples, établi lieute-
nant de ce Prince au
gouvernement de Paris
en      14

Tanneguy du Chas-
tel, maréchal de Guyen-
ne, prévôt & gouver-
neur de Paris.      15

Bertrand de Montau-
ban associé à du Chastel
en ce gouvernement,
suivant le P. Felibien.

Charles de France,
comte de Ponthieu,
gouverneur de Paris en      16
Il fut depuis roi de
France, sous le nom
de Charles VII.

Jean duc de Bour-
gogne prit le gouver-
nement de Paris en 1418

Ce Prince fut tué à
Montereau - faut - Yon-
ne.

Charles de Lens, dit
de Recourt, amiral de
France, établi lieute-
nant du duc de Bour-
gogne au gouverne-
ment de Paris en 18

Philippes de Bour-
gogne, comte de Saint
Paul, puis duc de Bra-
bant, établi capitaine &
lieutenant - général au
gouvernement de Paris
en l'absence du duc de
Bourgogne. 19

Thomas duc de Cla-
rence fils d'Henri .IV.
roi d'Angleterre, gou-
verneur de Paris. 20

Thomas duc d'Exes-
tre, oncle du roi d'An-
gleterre & chancelier
de ce royaume, capi-
taine au gouvernement
de Paris. 20

Jean de la Baume, comte de Montrevel, maréchal de France, garde de la prévôté de Paris, & gouverneur de cette ville en 1410

**Charles VII.**

Jean duc de Bedfort, régent du royaume de France, capitaine au gouvernement de Paris en 22

Jean de Courcelles lieutenant du duc de Bedfort au gouvernement de Paris 23

Philippe le Bon, duc de Bourgogne, gouverneur de Paris en l'absence du duc de Bedfort, en 29

Jean de Villiers de l'Isle Adam, maréchal de France, gouverneur de Paris en l'absence des ducs de Bourgogne & de Bedfort 31

Charles d'Anjou, troisième fils de Louis II. roi de Naples, gouverneur de Paris en 32

Les Anglois chaffés, & la ville de Paris foumife à l'obéiffance de Charles VII. en    1436

Philippe de Ternant prévôt de Paris, & gouverneur de cette ville en    37

Charles de Culant, grand-maître de France, gouverneur de Paris en    50

---

**Louis XI.**

Jacques de Villiers de l'Ifle-Adam, prévôt de Paris, chargé du gouvernement de cette ville, en attendant l'arrivée du roi Louis XI. en    61

Bertrand de Beauveau, premier préfident de la chambre des comptes de Paris, & Charles de Melun, grand-maître de France, gouverneurs conjointement de la ville de Paris en l'abfence du roi.    62

Charles d'Artois, comte d'Eu, pair de France, lieutenant-général de Paris & de l'Isle de France en    1465

Joachim Rouhaut de Gamaches, maréchal de France, gouverneur de Paris en    65

André comte de Laval, maréchal & amiral de France, lieutenant-général au gouvernement de Paris.    65

Jean de la Baume, II. du nom, comte de Montrevel, capitaine de la ville de Paris.    67

Louis de Laval gouverneur de Paris.    70

Antoine de Chabannes, grand-maître & grand-pannetier de France, gouverneur de Paris en    72

Charles de Gaucourt chambellan du roi, & son lieutenant-général au gouvernement de Paris en    72

Jean Alardel Evêque de Marseille, lieutenant

au gouvernemeut de
Paris en                    148r

Jean Chauvin, lieute-
nant-général au gouver-
nement de Paris en            82

*Le gouvernement de la ville de Paris*
*joint à celui de l'Ifle de France juf-*
*qu'en 1528.*

---

| | |
|---|---|
| Charles VIII. & Louis XII. | Louis duc d'Orléans gouverneur de Paris & de l'Ifle de France, &c. en            148z |

Ce Prince devint roi
de France fous le nom
de Louis XII.

Gilbert de Bourbon
comte de Montpenfier,
gouverneur de Paris,
Ifle de France, &c. en       9z

Charles d'Amboife
gouverneur de Paris,
Ifle de France & Brie.       9f

Guillaume Poitiers
gouverneur de Paris &
Ifle de France en            9z

André d'Efpinay, car-
dinal, archevêque de

Bourdeaux, gouverneur de Paris.

Louis de Joyeuse, lieutenant - général au gouvernement de Paris, Iſle de France, &c.

rançois I.    Charles de Bourbon, duc de Vendôme, gouverneur de Paris, Iſle de France, &c. en 1514

Jacques d'Inteville, lieutenant - général au gouvernement de Paris en l'abſence du duc de Vendôme.            16

François de Bourbon, comte de ſaint Paul, gouverneur de Paris, Iſle de France, &c.            18

Pierre Filholi, arche-vêque d'Aix, lieutenant-général au gouverne-ment de Paris en l'ab-ſence du comte de ſaint Paul.            22

Michel - Antoine de Saluces, gouverneur de Paris & de l'Iſle de France en            26

Jean de la Barre, comte d'Etampes, pré- vôt de Paris, gouver- neur de cette ville.    152?

Antoine de la Roche- foucault de Barbezieux, gouverneur de Paris en   32
& de l'Ifle de France en   33

Jean Sanguin frere du cardinal de Meudon, lieutenant - général au gouvernement de Paris en   34

Jean cardinal du Bellay, lieutenant-gé- néral au gouvernement de Paris & de l'Ifle de France.   36

François de Montmo- rency gouverneur de Paris & de l'Ifle de France en   3?

Antoine Sanguin fei- gneur de Meudon, car- dinal & archevêque de Touloufe, grand aumô- nier de France, lieute- nant-général au gou- vernement de Paris en   44

Gafpard

| Henri II. | Gaspard comte de Coligny, colonel général de l'infanterie, gouverneur de Paris & de l'Isle de France en 1551 |
| | Charles Cardinal de Bourbon, Archevêque de, Rouen lieutenant-général de Paris & de l'Isle de France. 51 |
| | Claude de Laval, lieutenant - général au gouvernement de Paris, & Archevêque d'Embrun. |
| | François duc de Montmorenci, pair, grand-maître & maréchal de France, gouverneur de Paris & de l'Isle de France en 56 |
| | Charles de Bourbon prince de la Roche-sur-Yon, gouverneur de Paris & de l'Isle de France. 61 |
| François II. | Paul de la Barthe, maréchal de France, |

E

lieutenant - général au gouvernement de Paris.

---

Charles IX.

    Charles de Coſſé de Briſſac, lieutenant-général de la ville de Paris.    1561

    Charles de Montmorenci, lieutenant - général de Paris & de l'Iſle de France.    61

    Artus de Coſſé, lieutenant - général au gouvernement de Paris.    62

    Chriſtophe Juvenal des Urſins, lieutenant-général au gouvernement de Paris.    62

    Jean Bloſſet de Torcy, lieutenant-général de Paris & de l'Iſle de France.    72

---

Henri III.

    René de Villequier, gouverneur de Paris & de l'Iſle de France.    72

    Triſtan de Roſtaing, lieutenant - général de Paris & de l'Iſle de France.    82

Artus de la Fontaine, lieutenant - général de Paris & de l'Isle de France. 1582

François d'O , gouverneur & lieutenant-général. 86

Charles de Lorraine, duc d'Aumale , gouverneur de Paris par la ligue. 88

François de Roncherolles , lieutenant-général de Paris & de l'Isle de France par la ligue. 89

Jean de Montluc de Balagny , gouverneur de Paris pour la ligue. 89

Henri I V.

Chrétien de Savigny, lieutenant - général au gouvernement de Paris & l'Isle de France pour la ligue. 89

Charles - Emmanuel de Savoye, gouverneur de Paris pour la ligue. 90

Jean - François de Faudoas Serillac d'Aver-

E ij

ton , gouverneur de Paris pour la ligue.   1594

Charles comte de Coffé , gouverneur de Paris pour la ligue.   94

*Il remit cette ville à Henri IV. le 22. Mars de la même année, & fa fidélité lui valut le bâton de maréchal de France.*

*Le gouvernement de l'Ifle de France fut féparé de celui de la ville de Paris : ils font demeurés défunis & diflincts jufqu'à préfent.*

Henri IV. Roi de France & de Navarre retint le gouvernement de la ville de Paris en   1594

Antoine d'Eftrées , gouverneur de l'Ifle de France , & lieutenant-général au gouvernement de la ville de Paris.   94

François de Bourbon prince de Conti , lieutenant-général.   95

François-de la Grange , lieutenant-général

au gouvernement de la
ville de Paris.          1600
    Charles du Pleſſis de
Liancourt, gouverneur
de Paris en          10

---

**Louis XIII.**    Hercule de Rohan,
duc de Montbazon,
gouverneur de Paris.          20
    Louis de Bourbon,
comte de Soiſſons, eut
le commandement de
Paris en l'abſence du
roi.          26
    Gaſton J. B. de Fran-
ce, duc d'Orléans, eut le
commandement de Pa-
ris en l'abſence du roi
ſon frere en          30
    Jean Armand du Pleſ-
ſis. cardinal, duc de
Richelieu, eut le com-
mandement dans Paris
en l'abſence du roi en          36
    Timoléon d'Eſpinay,
lieutenant - général de
Paris en l'abſence du
roi & du duc de Mont-
bazon.          36
    Anne d'Autriche épou-



E iij

se du roi Louis XIII.
établie gouvernante de
Paris.                              1636

Henri de Bourbon,
prince de Condé, lieute-
nant-général de Paris.          42

———————

**Louis XIV.**

François de l'Hôpi-
tal, gouverneur de Pa-
ris en                               48

François de Vendô-
me, duc de Beaufort,
gouverneur de Paris.          52

Ambroise de Bour-
nonville, gouverneur
& lieutenant-général de
la ville de Paris.                 57

Armand de Bourbon,
prince de Conti, établi
pour représenter la per-
sonne du roi à Paris,
pendant le voyage de
sa majesté à Lyon.             58

Antoine duc d'Au-
mont, gouverneur de
Paris en                             62

Gabriel de Roche-
chouart, gouverneur
& lieutenant-général de
Paris.                                 69

Charles duc de Crequi , gouverneur & lieutenant - général de la ville de Paris en    1676

Leon Pottier duc de Gêvres, gouverneur & lieutenant - général de la ville de Paris en    87

Bernard Pottier duc de Tresmes , gouverneur & lieutenant-général de la ville de Paris en    1704

———

Louis XV. heureusement regnant.

François - Joachim-Bernard Pottier duc de Gêvres, gouverneur de Paris.    22

Monsieur LE DUC DE CHEVREUSE, lieutenant-général des armées du roi, colonel - général des dragons, gouverneur & lieutenant-géneral pour le roi, de la ville, prévôté & vicomté de Paris , nommé au mois de Septembre.    1757

E iv

M. de Montreuil fécretaire du gouverne-
ment.

La compagnie des gardes de M. le duc
de Chevreufe , comme gouverneur de
Paris , eft compofée de 100. hommes &
12. officiers.

---

Louis XIV. créa par édit du mois de
Février 1692. l'office de lieutenant-général
du roi au gouvernement de la ville , pré-
vôté & vicomté de Paris. Ceux qui en ont
été pourvus, font :

Jean - Baptifte le Ragois de
Brétonvilliers en          1692

Bénigne le Ragois de Bréton-
villiers , *neveu du premier.*    1712

M. Rouffeau de Chamoy ,
lieutenant-général du roi au gou-
vernement de la ville , prévôté
& vicomté de Paris , a été nom-
mé en          1746

# GOUVERNEMENS MILITAIRES
## PARTICULIERS.

LE gouvernement de l'hôtel royal des Invalides, bâti & fondé par Louis XIV. en 1674.

L'hôtel de l'Ecole royale militaire, établie par édit du roi, du mois de Janvier 1751.

Le gouvernement du château royal de la Baftille, rebâti fous le regne de Charles V. en 1371. & dont les fortifications commencées en 1553. ne furent achevées qu'en 1559.

Le gouvernement du château royal de Vincennes, dont la premiere fondation eft attribuée au roi Philippe Augufte, qui en 1183. fit enfermer le bois de Vincennes de murailles : rebâti tel qu'on le voit aujourd'hui par le roi Louis XIII. & achevé au commencement du regne de Louis XIV.

*Nous avons placé ici ce gouvernement à caufe de fa proximité de Paris. Il eft joint à cette ville par une belle avenuë à quatre rangs d'ormes, qu'on dit avoir été plantés par le cardinal Mazarin.*

E v

## GOUVERNEMENS DE MAISONS

## ROYALES.

LE palais du Louvre.
Le palais des Tuilleries.
Le palais du Luxembourg.

---

Le gouvernement de la Samaritaine.

---

## HOTELS ET BATIMENS

## ROYAUX.

L'hôtel du chancelier de France, *Place Vendôme.*
L'hôtel du controlleur général, *rue neuve des petits champs.*
Le palais de Bourbon, *rue de l'Université Il est destiné aux Ambassadeurs extraordinaires.*

Le garde - meuble de la couronne, *quai de Conti.*

Le bâtiment de la Bibliothéque, *rue de Richelieu.*

Le bâtiment du jardin du Roi, *rue faint Victor.*

L'hôtel royal des Gobelins, *fauxbourg Saint Marceau.*

Le Bâtiment de l'Obfervatoire, *fauxbourg faint Jacques.*

*Ce bâtiment fut elevé par* LOUIS XIV. *pour les obfervations aftronomiques.*

Le bâtiment de l'Arfenal, *près la Baftille.*

*Il dépendoit du grand maître de l'artillerie de France avant la fuppreffion de cette charge en 1755.*

----

L'hôtel des moufquetaires gris, *rue du Bacq.*

L'hôtel des moufquetaires noirs, *rue Charenton.*

## JUSTICE.

LE devoir le plus glorieux de la souveraineté, le premier & le principal droit des Souverains, est de rendre la justice à leurs sujets. Mais les souverains ne pouvant point connoître par eux-mêmes des différends des particuliers, & décider toutes les contestations qui surviennent entre leurs sujets, ils ont été obligés de communiquer cette puissance à d'autres, pour l'exercer en leur nom & sous leur autorité. C'est là l'origine de cette émanation du pouvoir souverain, communiqué aux magistrats.

LE CHANCELIER DE FRANCE est le premier officier de la couronne, le surintendant de la justice, & le chef de tous les Conseils du Roi. Il est le premier président né du grand Conseil : il peut, quand il juge à propos, venir présider dans tous les parlemens & autres cours ; c'est pour cela que ses lettres sont présentées & enregistrées dans toutes les cours souveraines. Il est *la bouche du Roi*, & l'interprète de ses volontés. C'est lui qui les expose dans tou-

tes les occasions où il s'agit de l'adminif-
tration de la juftice. Lorfque le Roi vient
tenir fon lit de juftice au parlement , le
chancelier eft au-deſſous de lui dans une
chaiſe à bras , couverte de l'extrémité du
tapis femé de fleurs de lis , qui eft aux
pieds de Sa Majefté : c'eft lui qui recueille
les fuffrages, & qui prononce : il ne peut
être récufé. Sa principale fonction eft de
veiller à tout ce qui concerne l'adminiftra-
tion de la juftice dans tout le royaume,
d'en rendre compte au Roi , de prévenir les
abus qui pourroient s'y introduire, de re-
médier à ceux qui auroient prévalu, de
donner les ordres convenables fur les plain-
tes qui lui font adreffées par les fujets du
Roi contre les juges & autres officiers de
juftice, & fur les mémoires des compa-
gnies & de chaque officier en particulier,
par rapport à leurs fonctions, prééminen-
ces & droits.

C'eft encore une de fes fonctions de
dreffer, conformément aux intentions du
Roi, les nouvelles ordonnances, édits &
déclarations, & lettres-patentes qui ont
rapport à l'adminiftration de la juftice : c'eft
à lui que l'on s'adreffe pour obtenir l'agré-
ment de tous les offices de judicature. La
foi & hommage des fiefs de dignité mou-
vans immédiatement du Roi à caufe de fa
couronne, peut être fait entre les mains

du chancelier, ou en la chambre des comptes. Tous les gouverneurs des places prêtent ferment entre fes mains.

Messire Guillaume de Lamoignon , chevalier, chancelier de France.

M. Borot, avocat au parlement, premier fécretaire.

Confeil d'état-privé, à l'hôtel du chancelier, *le lundi.*

Ce confeil eft compofé de M. le chancelier, des confeillers d'état & des maîtres de requétes pour juger les affaires entre particuliers, comme font les demandes en caffation d'arrêts de cour fouveraine, les évocations à caufe de parenté & alliance, les réglemens de juges, & autres affaires femblables.

## CHANCELLERIES.

Il y a en France deux fortes de chancelleries, la grande & la petite. La grande eft celle qui fuit toujours Sa Majefté, & où s'expédient les lettres fcellées du grand fceau en préfence du garde des fceaux qui y préfide, ou en préfence du Roi, lorfque Sa Majeſté juge à propos de tenir les ſceaux elle-même.

M. Langlois, premier commis du ſceau, *rue de Louis le Grand.*

La petite chancellerie eſt celle qui eſt établie près le parlement de Paris, où s'expédient les lettres de moindre conſéquence. C'eſt un maître des requêtes, chacun à ſon tour, pendant un mois qui y préſide en l'abſence du chancelier de France. Elle ſe tient au Palais, les mercredi & ſamedi.

## JURISDICTIONS

## ET TRIBUNAUX.

TRibunal ſignifie le ſiége où les juges rendent la juſtice : ce terme ſe dit auſſi du corps des juges & de leur juriſdiction.

Le parlement de Paris, diſtingué des autres parlemens par pluſieurs droits, honneurs & priviléges, non parce qu'il eſt établi dans la ville capitale du royaume, & parce qu'il eſt le plus ancien, mais parce qu'il eſt la cour des pairs, le lit de juſtice,

& le thrône de fa Majefté. On l'a toujours regardé comme un des plus célébres tribunaux du monde. Des Rois & des Princes étrangers ont plufieurs fois foumis leurs différends à cette illuftre compagnie : l'Empereur Frederic II. & le Pape Innocent IV. le Roi de Portugal, & le Roi de Caftille : Charles de Valois, & le comte de Namur : le duc de Lorraine, & Guy de Châtillon : &c.

---

*Suite chronologique des premiersprésidents du Parlement de Paris.*

ON trouve dans les regiftres du parlement, Jean de Cherchemont & Philippe Cuigneres, qualifiés premiers préfidens en 1326 & 1336 ; mais c'eft parce qu'ils étoient les plus anciens des préfidens. Nous ne parlerons ici que de ceux qui ont été décorés du titre de premier préfident par ordonnance de nos Rois.

---

Régne de Philippe de Valois.

Simon de Bucy nommé premier préfident du parlement par le roi Philippe de Valois, le 11 mars 1344.

Charles V.      Pierre Demeville, chevalier, premier préfident, le 2 d'août 1370.

Guillaume de Sens ou de Seris, le 17 juin 1371.

Pierre d'Orgemont, chevalier, premier préfident, le 12 novembre 1373, chancelier de France, le 20 des mêmes mois & an.

Arnaud de Corbie, chevalier, premier préfident, le 12 janvier 1374, chancelier de France en 1388.

Charles VI.      Guillaume de Sens, chevalier, premier préfident, en 1388.

Jean de Popaincour, 1399.

Henri le Corgne, dit de Marle, chevalier, premier préfident, le 22 mai 1403, chancelier de France, le 8 août 1418.

Robert Mauger, chevalier, premier préſident, le 15 août 1413, deſtitué de cette charge le 16 août 1418.

Philippe de Morvilliers, chevalier, premier préſident, le 18 juillet 1418. Il fut chaſſé en 1436, pour avoir continué de préſider le parlement ſous l'autorité d'Henri VI. du nom, roi d'Angleterre.

---

**Charles VII.**

Jean de Vailly, chevavalier, premier préſident du parlement de Paris, transferé à Poitiers par Charles VII.

Adam de Cambray, chevalier, premier préſident avant & après ſon rétabliſſement à Paris, nommé en 1433.

Yves de Scepeaux, chevalier, premier préſident le 19 août 1457.

---

**Louis XI.**

Helie de Torrettes, chevalier, premier préſident, le 11 feptembre 1461.

Matthieu de Nanterre, chevalier, premier préfident, le 26 décembre 1461, deftitué le 18 décembre 1465, & établi premier préfident du parlement de Touloufe.

Jean Dauvet, chevalier, premier préfident, le 18 décembre 1465. Il avoit été procureur - général du parlement de Paris, premier préfident du parlement de Touloufe, & ambaffadeur pour charles VII. à Rome & au concile de Bafle.

Jean le Boulanger, chevalier, premier préfident le 8 Décembre 1471.

Jean de la Vacquerie, chevalier, premier préfident, en 1481.

Charles VIII.

Pierre de Cothardy, chevalier, premier préfident, le 28 juillet 1497.

Louis XII.

Jean de Ganay , chevalier, premier préſident, en 1505 , chancelier de France , le 31 janvier 1507.

Antoine Duprat, chevalier, premier préſident, le 8 février 1507 , & chancelier de France ſous le roi François premier.

François premier.

Mandot de la Marthonie, chevalier, étoit premier préſident à Bordeaux , lorſque le Roi le créa premier préſident du parlement de Paris, le 3 février 1515. Il devint évêque de Meaux , archevêque de Sens, cardinal, & légat en France, de la part du Pape.

Jacques Olivier, chevalier, premier préſident, le 29 mai 1517.

Jean de Selve ou de Salva , chevalier, premier préſident, en 1520.

Pierre Lizet , chevalier, premier préfident en 1529. Il fut obligé de fe démettre.

Henri II.

Jean Bertrand , chevalier , premier préfident en 1550 , garde des fceaux en 1551. Il devint évêque de Comminges , archevêque de Sens , puis cardinal.

Gilles le Maître , chevalier, premier préfident. le 12 juin 1551.

Henri III.

Chriftophe de Thou, chevalier, premier préfident en 1582.

Achille de Harlay, chevalier , premier préfident en 1582.

Louis XIII.

Nicolas de Verdun, chevalier, premier préfident en 1616.

Jerôme de Hacqueville, chevalier , premier préfident en 1627.

Jean Bochard, chevalier premier président, au mois de novembre 1628.

Nicolas le Jay, chevalier, premier président en 1630.

Matthieu Molé, chevalier, pourvu de la charge de premier président le 19 novembre 1641, par le Roi Louis XIII. Louis XIV le fit garde des sceaux le 3 avril 1651.

———

Louis XIV.

Pompone de Bellievre, chevalier, premier président du parlement, en 1651. Il avoit été ambassadeur extraordinaire dans les cours des princes d'Italie, puis en Angleterre, auprès de Charles I, & enfin en Hollande.

Guillaume de Lamoignon, chevalier, marquis de Basville, premier président, le 16 novembre 1658.

Nicolas Pottier, chevalier, premier président, le 13 juin 1678, se démit en 1689.

Achilles de Harlay, chevalier, premier préſident, le 18 novembre 1689, ſe démit en avril 1708.

Louis le Pelletier, chevalier, reçu premier préſident le 5 mai 1709, ſe démit en janvier 1712.

Jean-Antoine de Meſmes, chevalier, conſeiller du Roi en tous ſes conſeils d'état & privé, commandeur des ordres du Roi, l'un des 40 de l'académie Françoiſe, premier préſident, le 5 janvier 1712.

Louis XV, heureuſement regnant.

André Pottier, chevalier, premier préſident, le 20 décembre 1723, ſe démit le 9 ſeptembre 1724.

Antoine Portail, chevalier, premier préſident, le 24 ſeptembre 1724.

MESSIRE LOUIS LE PELLETIER, chevalier, ſeigneur de Roſanbo & de Barac, a été reçu premier préſident le 20 Mai 1736.

Il s'eſt démis au mois de Septembre 1743.

MESSIRE RENÉ-CHARLES DE MAUPOU, chevalier, marquis de Morangles, ſeigneur de Bruyeres, a été nommé premier préſident, le 3 octobre 1743, & a pris ſéance en cette qualité le 12 novembre ſuivant. Il s'eſt démis au mois de ſeptembre 1757.

MESSIRE MATTHIEU-FRANÇOIS MOLÉ, chevalier, ſeigneur de Champlatreux de Luzarches, &c. reçu préſident du parlement le 16 Mai 1731, & premier préſident le 12 Novembre 1757.

# LE PARLEMENT.

*Chambres.*

La grand - chambre.

La tournelle - cri-
minelle.

Les enquêtes.   3

Les requêtes du
Palais.   2

---

Les requêtes de
l'Hôtel.

Le bailliage du Pa-
lais.

---

*En parlant des tribunaux de Paris,
nous suivons l'ordre qui nous a paru le
plus favorable à la distribution de notre
ouvrage ; & nous ne prétendons point
contredire , ni l'ordre ni les droits éta-
blis.*

La chambre des comptes.

La cour des aides.

Le grand-conseil.

La prévôté de l'hôtel.

La cour des monnoies.

F

## LE CHATELET.

C'eſt la juriſdiction du prévôt de Paris : elle eſt compoſée

D'un préſidial.

D'une chambre civile.

D'une chambre de police.

D'une chambre criminelle.

La juriſdiction du lieutenant - criminel de robe-courte.

*Ses fonctions ont pour objet la ſûreté de Paris contre les meurtriers, vagabons, & autres gens de mauvaiſe vie.*

La juriſdiction de l'hôtel de ville.
La juriſdiction des conſuls.

Le bureau des tréſoriers de France.
Sa chambre du domaine.

Les trois ſiéges généraux à la table de marbre.

La connétablie & maréchauffée de France.

L'amirauté.
Les eaux & forêts.

La maîtrife particuliére des eaux & fo-ts.

La prévôté générale des monnoyes & maréchauffées de France.

La maçonnerie.

La jurifdiction de l'Election.

La jurifdiction du grenier à fel.

La bazoche, ou la jurifdiction des clercs du parlement.

Le haut & fouverain empire de Galilée, ou la jurifdiction des clercs de la cham-bre des comptes.

Le bailliage de l'artillerie de France.

Le bailliage & capitainerie royale des chaffes de la varenne du Louvre, grande venerie & fauconnerie de France.

Le bailliage & capitainerie royale des chaffes de la varenne des Tuilleries.

Les officiers de ces deux capitaineries ont droit de chaffe dans un canton de la capitainerie appellé le canton des officiers.

Le bailliage du Temple.

Le bailliage de ſaint Jean de Latran.

Le bailliage de l'abbaye royale de ſaint Germain.

Le bailliage de ſaint Martin des Champs,

Le bailliage de ſainte Géneviéve.

## JURISDICTIONS ECCLESIASTIQUES,

La chambre ſouveraine des Décimes.
  *Elle eſt dans l'enclos du palais.*
Le bureau eccleſiaſtique du Diocèſe.
L'officialité métropolitaine.
L'officialité dioceſaine.
La temporalité.
La barre du chapitre.

La juriſdiction de M. le chantre de notre Dame.

Le tribunal de l'Univerſité.

## LE TRIBUNAL DES MARECHAUX DE FRANCE.

L'origine de ce tribunal est aussi ancienne que les prérogatives du connétable : les sergens d'armes institués par Philippe Auguste avoient le privilége de ne pouvoir être jugés que par le roi & le connétable. Les gens de sa maison n'étoient justiciables que de lui seul. Après la suppression de la charge de connétable, le corps des maréchaux de France a continué d'exercer cette jurisdiction. Le tribunal se tient chez le plus ancien des maréchaux de France qui a tous les droits & honneurs du connétable. Ce Tribunal connoît sans appel de tous différends mus entre gentils-hommes, & gens faisant profession des armes, pour raison de leurs engagemens de parole ou d'écrit d'honneur & par provision des droits honorifiques. Les requêtes qu'on y présente, sont signées par les officiers & gardes de la connétablie : les premiéres sont remises au sécretaire-général des maréchaux de France qui fait les fonctions de greffier : & les secondes au maître des requêtes qui fait le rapport des affaires au tribunal. Les ordonnances qui émanent de ce tribunal font intitulées : les *maréchaux de France à tous ceux qui ces préfentes*, &c. fignées par le doyen, & contre-fignées par le fécretaire-général.

Ce tribunal n'a ni jour, ni tems fixe pour s'affembler : le doyen le convoque felon les circonftances par des billets d'invitation qui font portés par les gardes de la connétablie. Les maréchaux de France s'affemblent auffi, mais rarement, au palais en leur fiége de la connétablie & maréchauffée de France à la table de marbre.

## TRIBUNAL.

M. le maréchal de Noailles, *premier.*
M. le maréchal de Coigny.
M. le maréchal d'Ifenghien.
M. le maréchal de Duras.
M. le maréchal de Maillebois.
M. le maréchal de Belle-Isle.
M. le maréchal de Balincourt.
M. le maréchal de Clermont-Tonnerre.
M. le maréchal de Richelieu.
M. le maréchal de Sene&erre.
M. le maréchal de la Tour-Maubourg.
M. le maréchal de Lautrec.
M. le maréchal de Biron.
M. le maréchal de Luxembourg.
M. le maréchal d'Eftrées.

M. le maréchal de Thomond.

M. le maréchal de Contades.

M. le maréchal de Soubise.

M. de Bercy , maître des requêtes , rapporteur.

M. de la Vergne , secrétaire.

*Compagnie de la prévôté générale de la connétablie , gendarmerie , maréchaussée de France , & des camps & armées du Roi.*

Cette compagnie a été supprimée & ensuite rétablie militaire en charges & offices par Henri III. en 1577. Elle est composée d'un prévôt-général commandant, de trois lieutenans , de 4 exemts , de 4 brigadiers , de 44 gardes, dont le plus ancien est porte étendard & d'un trompette. Un lieutenant assesseur, un procureur du roi , un greffier , un commissaire & un controlleur aux revues.

Le prévôt a rang de premier mestre de camp, & a voix déliberative au siége général de la connétablie : les lieutenans ont rang de capitaines & les exemts rang de lieutenans de cavalerie. Cette compagnie est la colonelle de toutes les ma-

réchauſſées du royaume  Dans les cérémo-
nies publiques les 4. brigadiers & les
44. gardes ſont revêtus de leurs hoque-
tons. En tems de paix les officiers & gar-
des font un ſervice chez le doyen des ma-
réchaux de France , & ſont employés à
l'exécution de leurs ordres concernant la
nobleſſe & le militaire : en tems de guerre
il en reſte un nombre ſuffiſant pour con-
tinuer le ſervice : ils ſont reçus aux Inva-
lides , & ils jouiſſent de tous les privilé-
ges des officiers commenſaux de la maiſon
du Roi.

M. de Boiſſablon , prévôt - général & in-
ſpecteur né des maréchauſſées.
M. Beaufort.          *premier lieutenant.*
M. de la Bapommerie. *ſecond lieutenant.*
M. Dumeſnil.          *troiſiéme lieutenant.*

Tous les offices de cette compagnie ,
à l'exception de celui du prévôt, ont été ren-
dus héréditaires par lettres patentes du
13 février 1756, regiſtrées au parlement,
à la chambre des comptes & à la cour
des aides.

# ÉTAT

## ECCLESIASTIQUE.

L'Evêché de Paris, dont la fondation est attribuée à S. Denys, vers l'an 250, n'a été érigé en archevêché qu'en 1622, on compte 107 évêques jusqu'à François de Gondy, premier archevêque.

*Neuf Archevêques.*

1. François de Gondy.
Jean F. Paul de Gondy, Cardinal de Retz.
Pierre de Marca.
Hardouin de Perefixe.
François de Harlay.
Louis-Antoine, Cardinal de Noailles.
Charles-Gaspard-Guillaume de Vintimille du Luc.
Jacques-Bonne Gigault de Belfonds.

Christophe de Beaumont du Repaire, de la maison des Barons des Adrets du Dauphiné, né dans le diocèse de Sarlat en Périgord, le 28 Juillet 1703. nommé à l'archevêché de Paris le 13 Août 1746.

La réception des Evêques & Archevêques de Paris se faisoit autrefois avec beaucoup de cérémonies : insensiblement on en a omises quelques-unes, & à la fin presque toutes.

Le jour que l'Archevêque a fixé pour prendre possession de son Archevêché, le Chapitre de la Cathédrale assemblé, après avoir fait la lecture des Bulles, députe quatre personnes de son Corps pour aller avertir l'Archevêque, & pour l'accompagner au Chapitre. Le Prélat en camail & en rochet y prête serment sur les saints Evangiles, de conserver les Priviléges, Exemptions & Immunités du Chapitre. Le Doyen le conduit ensuite à l'Eglise, d'abord à la Chapelle de saint Denys, où il prend l'habit canonial, & puis au maître Autel du Chœur, au pied duquel il fait sa priére à genoux; monte à l'Autel, le baise, & va à son Trône archiépiscopal ; le Doyen y monte le premier, & s'y assied: un moment après, il céde la place à l'Archevêque, va à sa place ordinaire de Doyen, où il entonne le *Te Deum*, & dit les oraisons accoutumées. L'Archevêque donne la bénédiction au peuple : & après la lecture publique des Bulles faite par le Théologal, qui monte au Jubé, pour les annoncer au peuple, il va à la sacristie quitter l'habit canonial : il est conduit en rochet & en camail., par le Chapitre à l'Officialité, où il prend séance, nomme les Officiers de cette Jurisdiction, reçoit leur serment, & se retire au Palais Archiépiscopal, accompagné du Chapitre. Il est harangué par le Doyen ; & après qu'il a répondu à la harangue, il reconduit le Chapitre.

L'ÉGLISE DE NOTRE-DAME, édifice complet, des plus vastes & des plus majestueux, fut commencé par l'Evêque Maurice, sous Louis VII. vers l'an 1170. Le Portail n'a été achevé que sous Philippe-Auguste, vers l'an 1220.

Le Chapitre de cette Cathédrale est composé de 8. dignités, 52. Canonicats ou prébendes ; de six Haut - vicariats, de deux Haut vicariats de saint Aignan, de deux Chapelles Sous-Diaconales & 134. Chapelles de différens revenus. Ces Chapelles sont divisées en deux Communautés, l'ancienne & la nouvelle : les Chapelains ont le droit de *Committimus*. Les revenus du Chapitre sont considérables : les maisons du Cloître, qui appartiennent au Chapitre, sont vendues à vie au profit commun lorsqu'elles viennent à vaquer par mort sans résignation précédente. Une des plus grandes Fondations est celle de Louis XII. de 96 minots de sel.

F vj

*Dignités.*

Un Doyenné. Une Chantrerie. L'Archidiaconé de Paris. L'Archidiaconé de Josas. L'Archidiaconé de Brie. Une Sous-Chantrerie. Une Chancellerie. Une Pénitencerie.

Toutes les Dignités, excepté le Doyenné & la Sous-Chantrerie, sont à la collation de l'Archevêque, qui nomme aussi à tous les Canonicats : les autres Bénéfices sont à la nomination du Chapitre : ils ne sont ordinairement conférés qu'aux Ecclésiastiques & aux Enfans-de-chœur qui ont servi l'Eglise.

Les Annexes de ceChapitre font un même Corps avec lui. Saint Jean-le-Rond, dont l'Eglise ne subsiste plus, a huit Chanoines, dont deux Prêtres, qui sont Curés du Cloître, trois Diacres & trois Soudiacres. Saint Denys-du-Pas en a dix, dont cinq Prêtres, trois Diacres & deux Soudiacres. L'Office de saint Jean-le-Rond a été transféré dans l'Eglise de saint Denys-du-Pas.

Le bas-chœur de ce Chapitre est composé de huit Chantres, six Clercs de matines, douze Enfans-de-chœur, un Maître de musique, un Maître de latin.

*Quatre Organistes qui touchent par quartier.*

*Messieurs,*

Couperin.                                *quartier de Janvier.*
Dabousset.                               *quartier d'Avril.*

Daquin              *quartier de* Juillet.
Jollage.              *quartier d'*Octobre.

Deux Suisses : dix grands Huissiers : six petits.

Le Chapitre est indépendant de l'Archevêque & de ses Jurisdictions spirituelles & temporelles. L'Official du Chapitre tient un Synode tous les ans, le dix-neuf mars auquel tous les Bénéficiers du Corps doivent comparoître.

---

*Les* 4. *Collégiales, Filles de l'Archevêque.*

*Organiste.*

Le Chapitre S. Marcel.
Le Chapitre S. Honoré.      Fouqué.
Le Chapitre Sainte Opportune.
Le Chapitre de S. Germain l'Auxerrois, réuni à Notre-Dame en 1744.

---

*Les* 4. *Collégiales, Filles de Notre-Dame.*

*Organistes.*

Le Chapitre de S. Benoît.     Vaudri.
Le Chapitre de S. Etienne.     Aingrin.
Le Chapitre de S. Méderic.     Forqueroy.
Le Chapitre du Sépulcre.     Desprez.

La collation des Bénéfices de ces Eglises est annexé aux partitions des Chanoines de Notre-Dame dans lesquelles ils se trouvent.

---

### Autres Chapitres.

*Organiste.*

Le Chapitre de la Sainte Chapelle.　　　　　　　　Dubousset.

Le Chapitre de la sainte Chapelle de Vincennes.

Le Chapitre de saint Jacques - de - l'Hôpital.

Le Chapitre de saint Louis-du-Louvre.

---

### Séminaires.

*Supérieurs.*

Le Séminaire de saint Sulpice.　　　　　　　M. Couturier.

S. Nicolas-du-Chardonnet.　　　　　　　M. Tachard.

La petite Communauté.

　　　　　　　　　　　　M. Davisard.

Les Missions étrangéres.　M. Delalanne.

Le Séminaire des Eudistes.　M. Fontaine.

Le Séminaire de S. Magloire.　　　　　　　le P. le Seurre.

Le Séminaire des Bons-Enfans.　　　　　　　M. le Roy.

| | |
|---|---|
| Le Séminaire des Trente-Trois. | M. de laRoche. |
| Le Séminaire de faint Louis. | M. Gavel. |
| Le Séminaire de faint Marcel. | M. Pafquier. |
| Le Séminaire du faint Efprit. | M. Bouïc. |
| Le Séminaire des Anglois. | M. Howard. |

---

| | |
|---|---|
| LeNouveaux convertis. | *rue de Seine faint Victor.* |

---

### *Paroiffes dans la Ville.*

| | *Organiftes.* |
|---|---|
| S. André-des-arts. | Dubouffet. |
| S. Barthelemi. | Couperin. |
| S. Benoît , dit le bien tourné. | { Vautri. Vernadé en furvivance. Le Grand. |
| S. Côme. | |
| Ste Croix de la cité. | |
| S. Etienne du-Mont. | Aingrain. |
| S. Euftache. S. Jofeph , Succurfale. | Fouquet. |
| S. Germain l'Auxerrois. | Dubuiffon. |

| | |
|---|---|
| S. Germain-le-vieux. | Gouffé. |
| S. Gervais. | Couperin. |
| S. Hilaire. | Vernadé. |
| S. Jacques de la Boucherie. | Putau. |
| S. Jean du Cardinal le Moine. | |
| S. Jean en Grève. | { Vautri. Dufour en survivance. |
| Les saints Innocens. | Forqueray. |
| S. Josse. | Guichard. |
| S. Landry. | |
| S. Leu-saint Gilles. | Vinot. |
| S. Louis en l'Isle. | Lefevre. |
| Ste Magdeleine de la Cité. | |
| Ste Marine. | |
| S. Méry. | Forqueray. |
| S. Nicolas-des-champs. | Gigot. |
| S. Nicolas du-Chardonnet. | Thomas. |
| N. D. de Bonnes-nouvelles. | Vernadé. |
| S. Paul. | Daquin. |
| S. Pierre-aux-bœufs. | |
| S. Pierre-des-arcis. | |
| S. Roch. | Balbatre. |
| S. Sauveur. | Dubugra. |
| S. Severin. | Forqueray. |

*Paroisses dans les fauxbourgs.*

S. Sulpice. Le gros Cail-    Clairambaut.
lou succursale.
Ste Magdeleine de la ville    Milman.
l'Evêque.
Ste Marguerite.    Mlle Calviere.
S. Jacques-du-haut-pas.    Anfry.
S. Laurent.    Forqueray.
S. Martin.    Marly.
S. Médard.    Laporte.
S. Hyppolite.

---

*Paroisses des lieux exceptés de l'Ordinaire.*

La sainte Chapelle.    Du Bousset
S. Jean de Latran.
S. Louis des Invalides.    Landrin.
Les Quinze vingt.    Parant.
Le Temple.
S. Symphorien.

---

*Abbayes & maisons religieuses d'hommes.*

           *Organistes. Nombre des relig.*
L'Abbaye sainte
Géneviéve.    Gouffé,    70.

L'Abbaye S. Ger-
main-des-prés.          Le Grand.          60
L'Abbaye S. Vic-
tor.                    Fouqué.            26
L'Abbaye de S. De-
nys.                    Gautier.

*Congrégations Ecclésiastiques.*

Les Oratoriens,          rue saint Honoré.
Les Oratoriens.          près l'Observatoire.

Les Peres de la Doc-
trine Chrétienne,         rue des fossés saint
                          Victor.

Les Peres de S. Julien
des Menestriers.          rue saint Martin.

Les Lazaristes faux-
bourg S. Denys.                             170

*Chanoines reguliers.*

Les Prémontrés , *rue haute-*
*feuille.*                                  12
Les Prémontrés *à la Croix*
*Rouge.*                                    15

| | |
|---|---|
| Le petit S. Antoine. | 16 |
| Le prieuré sainte Catherine. | 22 |
| Sainte Croix de la Bretonnerie. | 14 |

## CLERCS REGULIERS.

| | |
|---|---|
| Les Jésuites du Noviciat. | 50 |
| Les Jésuites de la Maison-Professe. | |
| Les Jésuites du Collége de Louis le Grand. | |
| Les Théatins. | 20 |
| Les Barnabites. | 15 |

## ORDRES MONASTIQUES.

| | |
|---|---|
| Les Bénédictins de l'Abbaye. | |
| Les Bénédictins Anglois. | 12 |
| Les Blancs-Manteaux. | 16 |
| Les Bernardins. | 30 |
| Les Céleftins. | 40 |
| Les Chartreux. | 40 |
| Les Feuillans, *rue saint Honoré*. | 40 |
| Les Feuillans, *rue d'Enfer*. | 12 |

S. Martin des Champs.    40
Les Mathurins.    30
Les Peres de la Mercy.    30
S. Denys de la Chartre.    7
Le Collége de Cluny.    24
Le Collége de Grand-Mont.    8
Les Minimes de la place
Royale.    36
Les Religieux de la Charité.    56

## ORDRES MENDIANS.

Les Grands-Augustins.    90
Les Petits-Augustins.    25
Les Augustins de N. D. des
Victoires.    60

Les Capucins, *rue saint Honoré.*    100
Les Capucins, *rue saint Jacques.*    40
Les Capucins, *du Marais.*    40

Les Carmes, *place Maubert.*    70
Les Carmes Billettes.    17
Les Carmes déchauffés.    54

Les Cordeliers de la grande
Observance.    140

Les Jacobins, *rue saint Jaques.*    70

Les Jacobins, *rue saint Do-*
*minique.*                                  70
   Les Jacobins, *rue saint Honoré.*        40

   Les Pénitens de Nazareth.        50
   Les Picpus.                                  75
   Les Récolets.                               60

---

*Abbayes, maisons, & communautés reli-*
*gieuses de filles.*

*Abbesses.*

| | | |
|---|---|---|
| Mad. la Princesse de Condé. | L'Abbaye S. Antoine. | 22 |
| Mad. de Mezieres. | L'Abbaye de Pantemont. | 20 |
| Mad. de Vauban. | L'Abbaye de Port-Royal. | 54 |
| Mad. de Mornay. | L'Abbaye au Bois. | |
| Mad. Dargouges. | L'Abbaye des Augustines de sainte Géneviéve du Fauxbourg de Chaillot. | |
| Mad. de la Rochefoucaut. | L'Abbaye de Montmartre. | |

En parlant des communautés religieu-
ses de filles, nous marquerons par une *
celles où il y a école gratuite & charitable.

---

## Quartier saint Honoré.

**Supérieures,**         *nombre des relig.*

| | | |
|---|---|---|
| | L'Assomption, Channoinesses de S. Augustin qui ont pour superieur le Grand Aumônier de France, *rue saint Honoré.* | |
| **Mad. du Sol.** | La Conception, Religieuses du Tiers-Ordre, *rue saint Honoré.* | 24 |
| **Mad. de Catinat.** | Les Benedictines, de la Ville-l'Evêque. | 12 |
| **Mad. de la Croix-Feydeau.** | Les Capucines, vis-à-vis la place Vendôme. | 38 |
| | Les nouvelles catholiques, *rue sainte Anne.* | 40 |
| **Mad. S. Dominique.** | Les Filles S. Thomas, *rue neuve saint Augustin.* | 28 |

| | |
|---|---|
| Mad. du Quesne. | * Les Filles sainte Agnès, Communauté séculiére où l'on apprend des Métiers aux pauvres filles de la Paroisse S. Euftache, *rue Platriere.*   42 |

---

*Quartiers Montmartre, S. Denys, S. Martin, le Marais & S. Antoine, &c.*

| | |
|---|---|
| | * Communauté de Femmes - Veuves, *rue du-gros chenet.* |
| | Les Filles S. Magloire, *rue faint Denys.* |
| | Les Hofpitalieres de S. Catherine, *méme rue.* |
| Mad. de Mongené. | * Les Filles S. Chaumont, *méme rue.* |
| Mad. de Leffeville. | Les Filles-Dieu, *méme rue.*   24 |
| Marie-Anne Bonejoye. | *Les Filles de la Charité ou les Sœurs grifes, *fauxbourg faint Denys.*   200 |
| Mad. de | Les Hofpitalieres de |

| | | |
|---|---|---|
| Chaſſon-ville. | la Magdeleine, *rue des Fontaines.* | 60 |
| | Les Carmelites, *rue Chapon.* | |
| | Les Filles-Pénitentes du Sauveur, *rue de Vendôme.* | |
| | Les Urſulines de ſainte Avoye. | |
| Mad. de Tran. | Les Hoſpitalieres S. Gervais, ou S. Anaſtaſe, *vieille rue du Temple.* | 44 |
| Mad. Berrier de S. Ambroiſe. | Sainte Eliſabeth, *rue du Temple.* | 40 |
| Mad. Dargentré. | L'Ave-Maria, *rue des Barres.* | 54 |
| | Les Filles de la Croix S. Gervais, *rue des Barres.* | |
| | La Viſitation, *rue ſaint Antoine.* | 18 |
| Mad. Terrier. | *Les Filles de la Croix, rue ſaint Antoine.* | 46 |
| Mad. de Raymond. | Les Filles-bleues, ou les Annonciades céleſtes, *rue de la Couture ſainte Catherine.* | 40 |

Le

| | | |
|---|---|---|
| Mad. de Vary. | Le Calvaire du Marais , *rue saint Claude.* | 34 |
| Mad. Colombien. | Les Filles du S. Sacrement, *rue saint Louis.* | 32 |
| Mad. de la Hogue. | Les Hospitalieres , *de la place Royale.* | 40 |
| | *Les Filles sainte Marguerite, *fauxbourg saint Antoine.* | |
| | La Conception, ou les Angloises, *de la rue Charenton.* | |
| Mad. Bernard. | Les Hospitalieres, *de la rue Raquette.* | |
| | *Les Filles de la Trinité, *rue Reuilli.* | |
| | *Les Filles de la Croix, *rue Charronne.* | |
| Mad. de Francini. | La Magdeleine de Trainel. | 32 |
| Mad. Rossignol. | Notre-Dame de bonsecours. | 35 |
| | Les Annonciades de Popincourt. | |
| Mad. Desvieux. | Les Chanoinesses Reguliéres de l'Ordre de S. Augustin, *rue des Picpus.* | 36 |

G

*Quartier saint Victor.*

| | |
|---|---|
| Mad. Cail-ler. | * Les Miramionnes, ou les Filles de sainte Géneviéve, quai de la Tournelle. Elles enseignent gratuitement, servent les malades, prennent des pensionnaires, & font des retraites. |
| | Les Pénitentes de sainte Pélagie, *rue du Puits l'Hermite.* |
| Mad. Voodman. | Les Angloises Benedictines, *rue des Filles-Angloises.* 18 |
| Mad. Broussin, Abbesse. | Les Cordelieres, *rue de l'Oursine.* 35 |
| | * Les Filles de sainte Valere de l'Oursine. |
| Mad. Dolé. | Les Hospitalieres de la miséricorde, *vieille rue saint Jacques.* 12 |
| | * Les Filles de la Croix de la Paroiss- |

se S. Medard, *rue d'Orleans.*   6

Les Hospitalieres de la miséricorde de Jesus, pour panser, soulager & servir les pauvres Filles & Femmes, *rue Mouffetard.*

Notre-Dame de Sion, Chanoinesses Angloises, *rue des fossés saint Victor.*   30

Mad. Colas.   La Congrégation de Notre-Dame, Augustines, *rue-neuve, saint Etienne.*   30

---

## Quartier S. Benoît &c.

Mad. Duquenóy.   Le Val de Grace. La supérieure est élective & triennale, & a le titre d'Abbesse.   50

Mad. Tourmont.   La Visitation, *rue saint Jacques.*

Les Ursulines, *rue saint Jacques.*

Mad. de S. Augustin.   Les Feuillantines, *même rue.*   35

G ij

| | | |
|---|---|---|
| Mad. S. Ange. | Les Carmelites, *même rue.* | 30 |
| Mad. du Vert. | Les Filles de la Providence, *rue de l'Arbalétre.* | 30 |
| | La Présentation de Notre-Dame, Benedictines, *rue des Postes.* | |
| | Les Orphelines du S. Nom de Jesus. *id.* | |
| | La Communauté de sainte Aure, *rue neuve sainte Généviéve.* | |

*Quartier saint Germain.*

| | | |
|---|---|---|
| Mad. du Colosquet. | Le Calvaire, *rue de Vaugirad.* | 32 |
| Mad. de Bercy. | Les Filles du précieux Sang, *même rue.* | 35 |
| | Les Bénedictines de Notre-Dame des Prés, *même rue.* | |
| | L'enfant-Jesus, *rue du petit Vaugirard.* | |
| | * Les Filles de l'Enfant-Jesus, *rue saint Maur.* | |
| | * Les Filles de l'In- | |

struction, *rue Pot-de-fer.*

Les Filles du S. Sacrement, *rue Cassette.*

Mad. de sainte Victoire.

Notre - Dame de la Miséricorde, *rue du Vieux-Colombier.*

Les Orphelines, *rue du vieux Colombier.*

Mad. de la Garie.

Notre-Dame de Consolation, Bénédictines, *rue du Cherche-midi.*

Les Répenties du bon Pasteur, *même rue.*

Mad. du Vergier de Kerorlay.

S. Thomas de Villeneuve, Hospitaliéres Augustines, *rue de Seve.*

Les Benedictines de Notre - Dame de Liesse, *même rue.*

Mad. le Bas.

Les petites Cordelieres de la *rue Grénelle.*

Mad. D'havré.

Les Carmelites, *même rue.*

Les Chanoinesses du S. Sépulcre de Bel-

G iij

|  |  |  |
|---|---|---|
|  | le-Chasse, *rue saint Dominique.* |  |
| Mad. de Se-nadon. | *.Les Filles de S. Jo-seph, *même rue.* | 18 |
| Mad. Dave-jan. | La Visitation, *rue du Bacq.* | 45 |
| Mad. de S. Prix. | L'immaculée Conception, ou les Ré-colettes , *même rue.* | 34 |
|  | Les Filles - Péniten-tes de sainte Valere, *à la Barriere des Invalides.* |  |

## HOPITAUX.

**L**'Hôpital des Enfans-Trouvés , *rue neuve Notre-Dame.*

Nous commençons par celui-là comme le plus honorable à l'humanité & à la Religion. On y reçoit en tout temps , à toutes les heures du jour & de la nuit, sans question & sans formalité , (*) tous

(*) Il est nécessaire, pour constater l'état & le nom des enfans qu'on présente à cette maison , de faire faire un procès-verbal par un Commissaire, qui est obligé d'en donner l'expédition *gratis.*

les enfans nouveau-nés qu'on y préfente,
( cela va à plus de 8000 par an, ) & on les
y fait élever avec grand foin jufqu'à ce
qu'ils ayent fait leur premiere communion
& qu'ils font en état d'apprendre un mé-
tier. Cet Hôpital a une feconde maifon
dans le fauxbourg S. Antoine qui fert de
décharge à celle-ci. Si un pareil établiffe-
ment étoit imité dans chaque province, ou
même dans chaque ville du Royaume, on
conferveroit à l'Etat un très-grand nombre
d'enfans qu'on envoie à Paris, de fort loin,
& qui périffent par les fatigues du voyage.

| | |
|---|---|
| L'Hôtel-Dieu. | L'Hôpital du S. Nom de Jefus. |
| L'Hôpital-Général. | |
| Bicêtre, | L'Hôpital de faint Louis. |
| La Pitié, | |
| Les Enfans Rouges. | La Charité. |
| Les Cent Filles. | L'Hôpital des Con-valefcens. |
| La Trinité. | |
| Le S. Efprit. | L'Hôpital des Filles S. Jofeph. |
| Les Petites-Mai-fons. | |
| Les Quinze-vingts. | L'Hôpital des Incu-rables. |

*Dans l'Hôpital des Incurables, il y a un
grand nombre de lits de fondation,
dont la nomination appartient à des
Seigneurs, à des Particuliers, à des
Villes, Paroiffes &c. dont voici la
lifte.*

MESSIEURS.

DE Mazarin, Richelieu.
De Berry & l'Abbé de Ricouard.
Paris, Hénault, Charmond.
Le Conseiller Robert, le Marquis d'Haute-
    fort.
Le Recteur des Jesuites du Noviciat.
Berthelot, de Souges.
Rouillé, Colin Président.
Bongras de Fontperthuis.
Le Comte de S. Florentin.
L'Abbé de S Germain des prés.
Le Comte de Touloufe.
Duchâtelet, le Comte de Nogent.
De la Houquette, le Prince de Soubife.
La Duchesse de Boutteville.
Le Duc de la Rochefoucault.
De Verulle, de Chaulieu.
Le Marquis de Roney, Grangé.
Morelle, Courtanvaux.
Le Marquis de la Terriere.
Berlé, de S. Firmant.
Le Chapelain des Incurables.
Le Duc d'Orléans, de Cofte.
L'Abbé Dubois, de Penthievre.
De Mazarin, de Luynes.
De Fervaque, le Comte des Vertus.
De Louvois, le Président de la Broffe.
De la Boffiere, le Marquis de Ragny.

De la Châtre, le Dreux.
Le Président de Mesme, Trudaine.
Benoiste, Galas.
Dupin, Fermier Général.
D'Orbigny, de Vins, Pelletier.
Augrand, de Morangis, de Renty.
Fremond de la Charlete, de la Selle.
Langlois, de Fort de Buillon.
Cherteron de Renouard, Beringle.
Garnol, Mlle Barbanteau au Valdosne.
L'Aureau, Bardoux, de Belleforest.
Galland, de Rieuse.
Le Président le Lievre.
De Maurangis, Haubourg.
Boury, Chapier, Magnier, Hoyer.
Grandcolas, Prêtre.
Duguay de Bagnolle.
Mlle le Maître de Bellejame.
Le Duc de Luynes, du Tremblay.
De Thibouville, Aubry.
Masse Md. La Scelle.
Cornelle.

## PAROISSES.

Sainte Marguerite, S. Benoît.
S. Medard, S. Sulpice.
S. Germain l'Auxerrois, S. Euftache.
S. Roch, S. Joseph.
S. Merry, S. Leu.

S. Jean, S. André.
S. Paul, S. Gervais.
S. Sauveur, S. Laurent.
Bonne nouvelle, S. Lazare.
S. Côme, S. Nicolas des Champs.
S. Nicolas du Chardonnet.
S. Jacques du Haut pas.
S. Jacques de la Boucherie.
S. Etienne du Mont.

## VILLES DE PROVINCE.

Coulonmiers.
Gargenville.
Amiens & Senlis.

*De plus il y a quarante lits à la nomination du Bureau, qui sont nommés à tour de role par*

M. l'Archevêque de Paris.
M. le premier Président.
M. le premier Président de la Chambre des Comptes.
M. le premier Président de la Cour des Aides.
M. le Procureur Général.
M. le Lieutenant de Police.
M. le Prévôt des Marchands.
MM. les douze Administrateurs, tant des Incurables que de l'Hôtel-Dieu, accordent des places plus facilement.

# ACADÉMIES

## ET INSTITUTIONS

*Pour les sciences & pour les arts libéraux.*

### ACADÉMIES.

LE nom d'*académie* se donne ordinairement à une société ou compagnie de gens de Lettres, établie pour la culture & l'avancement des arts ou des sciences ; & c'est dans ce sens que nous l'entendons ici.

Paris a plusieurs de ces académies.

L'académie Françoise.

L'académie Royale des Inscriptions & Belles-Lettres.

L'académie Royale des Sciences.

L'académie Royale de chirurgie.

L'académie Royale de Peinture, Sculpture, Gravure.

L'académie Royale d'Architecture.

L'académie Royale de Musique.

L'académie Royale de Danse.

G vij

L'académie Françoise, compofée de 40. académiciens, établie en 1633. par le cardinal de Richelieu pour perfectionner la langue : & en général elle a pour objet toutes les matières de grammaire, de poéfie, & d'éloquence.

L'académie des infcriptions & belles-lettres, compofée de dix académiciens honoraires, douze académiciens penfionnaires & quatre vétérans, & douze académiciens libres, établie en 1663. pour expliquer les anciens monumens & pour confacrer les événemens de la monarchie, par des infcriptions & par des médailles.

L'académie des fciences, établie en 1666. compofée de douze honoraires, douze penfionnaires ordinaires & trois vétérans; douze affociés ordinaires & neuf étrangers; douze adjoints, &c. Elle a pour objet la Géométrie, l'Aftronomie, la Méchanique, l'Anatomie, la Chymie, la Botanique & la Géographie.

L'académie royale de chirurgie, établie en 1731. compofée de quarante académiciens confeillers du comité perpétuel, & vingt adjoints au comité. De tous les autres maîtres en chirurgie de Paris & d'affociés , tant françois, qu'étrangers , dont le nombre n'eſt point borné. Le premier chirurgien du Roi en eſt chef & préſident.

L'académie royale de peinture , ſculpture & gravure, établie en 1648. eſt compoſée de huit académiciens honoraires amateurs ; de huit adjoints honoraires aſſociés ; d'un directeur nommé tous les ans ; d'un chancelier & de quatre recteurs qui ſont perpétuels, de deux adjoints à recteur; de douze profeſſeurs , & douze adjoints à profeſſeurs ; dix conſeillers , & cinquante académiciens, tant peintres , que ſculpteurs & graveurs.

Cette académie eſt une école publique où les peintres vont deſſiner ou peindre, & les ſculpteurs modéler , d'après un homme nud , qu'on appelle *modéle*. Elle eſt ouverte tous les jours après midi pendant deux heures, & les douze profeſſeurs ſuppléés par les douze adjoints , en cas de beſoin tiennent l'école chacun pendant un mois.

L'académie royale d'architecture , établie en 1671. compoſée d'une premiere claſſe de quatorze architectes , dont deux ſont profeſſeurs, & d'une ſeconde claſſe de quatorze autres architectes.

L'académie royale de musique, établie en 1669. est aujourd'hui sous la direction de Messieurs Rebel & Francœur, surintendans de la musique du Roi.

L'académie royale de danse, établie par lettres-patentes de 1661. composée de treize académiciens, dont l'un est directeur : ils jouissent, de même que leurs enfans, du privilége d'enseigner l'art de la danse sans lettres.

## L'UNIVERSITÉ.

L'Université de Paris, la premiere & une des plus célébres du monde chrétien, doit sa fondation à Charlemagne, vers l'an 790. quoiqu'elle n'ait commencé à faire un corps régulier que depuis le regne de Philippe-Auguste. Le recteur qui en est le chef, veille à l'observation des statuts & à la conservation des priviléges, & préside aux assemblées & aux décisions générales de l'université. Son tribunal se tient chez lui : les sentences en sont relevées au parlement. Il y a lieu de croire que c'est dans les écoles de droit de Paris que les dégrés de bachelier, de licencier & de docteur ont pris leur

origine avant 1150. Un docteur en droit
est appellé *miles legum*, chevalier des loix,
dans une charte de Leger, évêque d'Apt,
écrite avant 1113. & conservée dans le car-
tulaire de cette église : & la faculté des arts
doit sans doute son établissement, ses pro-
grès & l'origine de ses dégrés, à la nécessité
d'être instruit des premieres sciences que
cette faculté enseigne, pour parvenir aux
dégrés des facultés supérieures, & qui peu-
vent être regardées comme la clef des autres
sciences.

L'université est composée de quatre fa-
cultés.

La faculté de Théologie.
La faculté de Droit.
La faculté de Medecine.
La faculté des Arts.

## COLLÉGES.

Nous distinguons les colléges en trois
classes ; les uns ont plusieurs professeurs fon-
dés, & ne font point corps avec l'université,
comme :

Le collége royal.
Le collége des Jésuites.

*On peut y ajoûter :*

Le jardin du Roi.
Les écoles de faint Côme.

Les autres ont auffi des profeffeurs fondés, & font corps avec l'univerfité, & fe diftinguent en colléges de plain exercice, c'eft-à-dire, qu'on y enfeigne les humanités, la philofophie, &c. & en colléges de moyen exercice, c'eft-à-dire, qu'ils n'ont aucun profeffeur fondé ni claffes reglées.

*Les Colléges de plein exercice fuivant l'ordre de leurs fondations.*

|  |  | { Nombre des bourfes. |
| --- | --- | --- |
| Le collége d'Harcourt fondé en | 1280 | 40 |
| Le collége du cardinal le Moine. | 1302 | 24 |
| Le collége royal de Navarre. | 1304 | 30 |
| Le collége de Montaigu. | 1314 | 40 |
| Le collége du Pleffis. | 1322 | 16 |
| Le collége de Lifieux. | 1336 | 16 |
| Le collége de Beauvais. | 1370 | 21 |
| Le collége de la Marche. | 1423 | 20 |
| Le collége des Graffins. | 1569 | 18 |
| Le collége Mazarin, ou des 4. Nations. | 1661 | 30 |

Ce collége a été fondé par le cardinal Mazarin pour 60 jeunes gentils-hommes

des provinces défignées par la fondation,
fçavoir, la Flandre, l'Alface, le Bugeay &
état eccléfiaftique, & le Rouffillon. Le nom-
bre de ces gentils-hommes a été réduit à
30. qui y font reçus, à la nomination de
M. le duc de Nevers, comme héritier du
fondateur, dès l'âge de huit jufqu'à qua-
torze ans pour y être élevés jufqu'à la phi-
lofophie inclufivement, par dix profeffeurs
établis, tant pour les humanités, les ma-
thématiques, &c. que pour la philofophie:
ils y font logés, nourris, chauffés & inf-
truits au dépens de la fondation; & on leur
donne 100 liv. par an en argent : les parens
payent le refte.

*Les colléges de moyen exercice.*

|  |  | bourfes |
|---|---|---|
| Le collége du Tréforier, en | 1268 | 8 |
| Le collége des Cholets. | 1295 | 18 |
| Le collége de Bayeux. | 1308 | 16 |
| Le collége de Laon. | 1313 | 26 |
| Le collége de Prefle. | 1313 | 8 |
| Le collége de Narbonne. | 1317 | 9 |
| Le collége d'Arras. | 1322 | |
| Le collége des Ecoffois. | 1325 | 4 |
| Le collége de Bourgogne. | 1331 | |
| Le collége des Lombards. | 1333 | |

Accordé par Louis XIV. aux Irlandois
réfugiés en 1677.

| | | |
|---|---|---|
| Le collége de Tours. | 1333 | 6 |
| Le collége d'Autun ou du cardinal Bertrand. | 1337 | 18 |
| Le collége d'Huband, ou de l'*Ave Maria*. | 1339 | 6 |
| Le collége de Cambray, ou des trois Evêques. | 1348 | 6 |
| Le collége de Boncourt, réuni au collége de Navarre. | | |
| Le collége de Boiffy. | 1354 | 4 |
| Le collége de Juftice. | 1358 | 12 |
| Le collége de maître Gervais. | 1370 | 26 |
| Le collége de Daimville | 1380 | 12 |
| Le collége de Cornouailles. | 1380 | 5 |
| Le collége de Fortet. | 1391 | 16 |
| Le collége de faint Michel, ou de Chanac. | 1404 | 6 |
| Le collége de Reims. | 1412 | 8 |
| Le collége de Sées. | 1427 | 12 |
| Le collége du Mans. | 1526 | 12 |
| Le collége de fainte Barbe. | 1°. 1430 2°. 1556 | 22 |

Le collége des Dix-huit. — 18
Le collége de Treguier. — 8

*Ces deux derniers colléges n'ont plus d'emplacement, mais les bourfes fubfiftent.*

Tous ces colléges, tant de plein que de

moyen exercice , ont , comme nous l'avons marqué, des bourſes fondées pour de pauvres écoliers, affectées à certains diocèſes, provinces., villes où familles. Nous ne tarderons pas à en donner un état éxact, dans lequel nous marquerons les noms des fondateurs & des collateurs : le nombre de ces bourſes dans chaque collége , leur valeur & leur deſtination.

## MAISTRES DE PENSION.

Nous diſtinguons les maîtres de penſion en deux claſſes : les premiers, au nombre de quarante, ſont maîtres - ès - arts , font corps avec l'univerſité , & ſont aſtreints d'envoyer leurs écoliers à un des colléges de l'univerſité. Ils peuvent enſeigner dans toute l'étenduë du royaume. *Hic & ubique terrarum.*

### MESSIEURS.

| | |
|---|---|
| Colſon. | rue Mazarine. |
| Tricot. | dans l'iſle. |
| Targny. | rue du Colombier. |
| Savouré. | rue Copeau. |
| Dadou. | rue des Noyers. |
| Lucas. | rue des Rats. |
| Korel. | rue des foſſés S. Bernard. |

| | |
|---|---|
| Varin. | rue du Meurier. |
| Montagne. | rue Savoye. |
| Montagne. | |
| Paget. | rue de la Harpe. |
| De la Motte. | à saint Euſtache. |
| Mory. | *à Meaux.* |
| Dubois. | rue des ſept Voies. |
| Damiens. | rue Galande. |
| Hurrault. | rue de Beaune. |
| Billet. | rue du Temple. |
| Guichard. | rue des Poſtes. |
| Achard. | place de Fourcy. |
| *Le Comte.* | rue Mazarine. |
| Le Mire. | rue du fauxb. S. Antoine. |
| Cluzel. | rue du haut Moulin. |
| Allain. | près de l'Eſtrapade. |
| Monchablon. | rue de l'Arbalêtre. |
| Colin. | rue des Picpus. |
| De la Herſe. | rue du mont ſaint Hilaire. |
| Langlade. | rue des Picpus. |
| Le Gros. | rue du Four. |
| Bardin. | rue de |
| Colombet. | rue de Biévre. |
| Brunet. | rue ſaint Hyacinte. |
| Chartron. | au collége de Navarre. |
| De Bras. | rue de la Harpe. |
| Maugue. | près ſaint Victor. |
| Rogelin. | rue S. Jean de Beauvais. |
| Vellard. | rue de la Mortellerie. |
| Breton. | rue des foſſés ſaint Victor. |
| Tricot. | rue ſaint Louis dans l'iſle. |

Ducreux.            près la rue Oignard.
Sartiau.            rue de Poitou.

On enseigne chez eux la langue latine, la langue grecque, la géographie & l'histoire. Le prix ordinaire des pensions est de 420 livres.

---

La seconde classe comprend les maîtres des petites écoles, dépendans de la nomination & de la jurisdiction du grand-chantre de Notre-Dame, qui leur donne des lettres de commission *ad annum tantùm valituras*, & leur désigne à chacun le quartier où ils doivent s'établir, hors duquel ils sont sans titre. Ils sont actuellement environ 210. maîtres distribués, tant dans la ville & fauxbourg, que dans la banlieuë de Paris.

MESSIEURS.

Boivin receveur, rue Michel le Comte.
La Marque, rue Jean-Tison.
Colson, rue Mazarine.
Phaput, rue de Harlay.
Leonard, rue aux Féves.
Goubert, rue de Cluny, près la Sorbonne.
Pollet, rue de la Barillerie.
Gardien, rue Mondétour.
Monot, rue saint Jacques de la boucherie.

Guétou, rue faint Martin.
Robert, rue des Prouvaires.
Chompré, rue des Carmes.
Verardy, rue de Meflé.
Behier, rue faint Jacques.
Montalan, rue faint Denys.
Targny, rue du Colombier.
Tricot, rue faint Louis.
Aupy, rue faint Jacques.
Aupy, rue Mazarine.
Prevoft, rue Aumaire.
Huguier, rue Trouffevache.
De la Collancelle, rue Comteffe d'Artois.
Collot, rue faint Denys.
Le Grain, rue de la Tixeranderie.
Defquinemare, rue des Barres.
Du Hamel, à Auteüil.
Quevillon, rue de Grenelle.
Blondeau, rue tirechape.
Tavernier, cloître faint Jacqu es de l'hôpital.
Barier, rue faint Honoré.
Du Montier, rue faint Honoré près l'Ora-
    toire.
Cottin, à la Villette.
Daniel, rue & près le petit faint Antoine.
Aufergent, rue des foffés faint Bernard.
Douard, rue de la Bucherie.
Beaucamp, rue de l'Arbrefec.
Mailpart, à Bagnolet.
Rougemont, rue des Boucheries, fauxbourg
    faint Germain.

Beliard, rue de la Harpe.
De Lafolie, rue des Nonaindieres.
De Lamare, rue de Beauregard.
Cheron, rue de Langlade.
Pain, *furv.* rue Tirechape.
Durié, rue & fauxbourg faint Antoine.
Caignard, rue faint Sauveur.
De Grouchy, rue de la Draperie.
Marie, à Piepus.
Bertrand, montagne fainte Geneviéve.
Guitton, rue de Reuilly.
Lecœur, rue & près la porte faint Antoine.
Dheilly, rue de la Tixeranderie.
Pollet, rue du Roi de Sicile.
D'Ergny, rue faint Nicolas du Chardonnet.
Joflet, rue & fauxbourg faint Martin.
Fortier, rue neuve notre-Dame.
Pellapra, rue Beaurepaire.
Le Gland, rue de la Croix des petit-champs.
Donzel, rue de Verneuil, fauxbourg faint
  Germain.
Etienne, rue du vieux-Colombier.
Guillaume, rue faint Nicaife.
Le Clerc, à Paffy.
Coufin, rue de l'Étoile.
Fay, rue faint André des Arts.
Billet, rue du Temple.
Coche, quai Pelletier.
Hullin, rue faint louis, près le Palais.
Monroy, à Belleville.
Durand, rue Quinquempoix.

De Valmont, rue de Longpont.
Hebert, rue des Noyers.
Noël, cloître saint Marcel.
Roland , rue & près la culture sainte Cathe-
   rine.
Oudinet , rue Macon.
Charpentier , rue de la Verrerie.
Droüet, *dit* Fleurizelle, rue de Montreuil.
Le Riche , rue du Croissant.
Chenebrun , rue saint Antoine.
Camus , rue Transnonain.
Le Mire, grande rue & fauxbourg S. Antoine.
Vautier , rue de la Cossonnerie.
Taupin de Vaudoré, rue saint Bernard.
Chompré , rue de la vieille-Monnoye.
Blier, rue saint Germain l'Auxerrois.
Poupin , sous les pilliers de la Fripperie.
Lointier rue de la Coutellerie.
Sauvage , rue du Chevalier du Guet.
Pellissier, rue de Bourbon.
Cluzel, rue des hauts-Moulins.
Vigoureux, rue saint Antoine.
Lemoine , rue Plâtriere.
Gallet, rue des deux Anges.
Fouquet , à Clichy-la-garenne.
Allegrain, près la boucherie de Beauvais.
Hudde, rue saint Victor.
Muzelle , à Pantin.
Gommerat , rue saint Antoine.
Cottin, *surv.* à la Vilette.
Brunet, rue Hyacinthe.

Le

Le Roi, rue de l'oseille, au marais.
Courteault, rue saint jacques.
Beranger, rue de la jouaillerie.
Le Bel , à la croix rouge.
Vilebert, rue saint martin.
Tachau, rue montmartre.
Délaire , fauxbourg saint jacques.
Bernard, rue saint honoré.
Mignon , cul-de-sac du paon.
Le Blond , rue de l'Oursine.
Requin, rue saint-benoît.
Courtier , rue saint martin.
Daversi , rue saint honoré.
Prillieux , rue saint denis.
Pierres , place de cambray.
Donon , rue de l'homme-armé.
Dufoulloy , rue neuve saint médéric.
Melette, rue des vieilles thuilleries.
Morise, *surv.* rue de la tixeranderie.
Sartiau , rue de la marche.
Baillard , rue de tournon.
Beaudoüin , rue des quatre-fils.
Clery , à villiers-la-garenne.
Guyot, rue mouffetard.
Buret, rue montmartre.
Godran , rue dauphine.
Halou , rue montmartre.
Cartier , rue de reuilly , fauxbourg saint
    antoine.
De la Croix, à l'entrée du fauxbourg saint
    antoine.

H

Frere, rue de la comédie françoise.
Silveſtre, à la nouvelle france.
Bruxelles, rue ſainte anne.
Verdant, rue de la verrerie.
Guillaume, *ſurv.* rue de la barillerie.
Watrin, quai de l'horloge du palais.
Guillot, rue des deux-ponts, dans l'iſle.
Garnier, rue des marmouzets.
Quêquet, *ſurv.* rue aux féves.
Rellot, à boulogne.
Picard, rue des canettes.
Brulé, rue de biévre.
Chauvin, rue de la harpe.
Le Bois, fauxbourg ſaint Denys.
Cordier, butte ſaint roch.
Chartier, rue des petits-champs.
Deſmarets, rue ſaint Denys.
Renaud, près la roquette.
Boiſſet, rue férou.
Villin, rue de la barillerie.
Dubois, près ſaint medard.
Gayer, au pont aux tripes.
Courtois, rue de la mortellerie.
Boulnois, rue champfleury.
Caillemer, à chaillot.
Deſecard, près ſaint laurent.
Daubernay, fauxbourg neuf ſaint honoré.
Martin, *ſurv.* rue de l'arbre-ſec.
Le Batteur, aux petits-carreaux.
Julien, *ſurv.* rue ſaint Denys.
Bonnefoi, rue de féve.

Dutertre, fauxbourg faint honoré.

Bonnotté, à aubervilliers.

Fournier, à montmartre.

Boulangier, *furv.* rue faint martin.

Briot, place maubert.

Legros, rue du four, fauxbourg faint ger-
    main.

Dubois, rue des peres de la doctrine.

Vappereau, au gros caillou.

Le Quens, rue & près la porte faint martin.

Vachard de la Vallette, rue fimon le-franc.

Le Chocq, quai de la megifferie.

Rozy, au roulle.

D'Açarq, à l'eftrapade.

Genneau, rue charlot.

Prévoteau, rue de la harpe.

Verrier, près l'échelle du temple.

Douvry, rue beaubourg.

Crepeaux, rue bourglabé.

De Lavau, rue faint Denys.

Pepin, rue du temple.

Robin, rue du harlay, au marais.

Friou, rue de clery.

Landemore, rue de vaugirard.

Henault, rue de gêvres.

Bajolet, rue gaillon.

Le Bacheux, à la courtille.

Richer, à mont-rouge.

Bornat, rue de bourgogne.

Lorinet, rue neuve notre-dame.

## *LES PERMISSIONNAIRES.*

Il ne peut y en avoir que 20. & ils n'enfeignent qu'à leurs penfionnaires.

Pridault, à la barriere du trône.
Nolland, rue & près picpus.
Collin, rue & près picpus.
Caret de Vaublon, rue de picpus.
Pafquis, à paffy.
Langlade, à picpus.
Dubois, rue de reims.
Berthaud, grande rue & fauxbourg faint
    honoré.
Bernard, rue de la montagne.
Renoüard.
Joüin, rue de charonne.
Rhombius, rue des poftes.
Viard, rue de feine faint victor.
Tricot, rue couture faint gervais.
Garnier, rue faint Etienne des grès.
Landragin, rue & fauxbourg faint laurent.
Chaumont, rue polivaux.
Martilly, rue neuve faint laurent.
Brunetaud, rue baffe des capucines.

M. Rhombiens, maître de penfion pour les langues latine & allemande, rue des Poftes près l'Eftrapade.

## LES MAITRESSES.

*Les maîtresses d'école sont également à la nomination & sous la jurisdiction du grand-chantre de Notre-Dame : il y en a actuellement dans la ville, fauxbourgs ou dans la banlieuë environ deux cens, dont voici la liste.*

DRisvelt, rue de bourbon.
Adam, rue saint martin.
Lhulié, rue du harlay.
Le Comte, à la place maubert,
Moulins, vieille rue du temple.
Bondonvillié, rue & fauxbourg saint antoine.
Gilbert, veuve Blanchard, rue de la tixe-
    randerie.
Dupont, rue du cimetiere saint andré.
Maréchaux, à chaillot.
Dubois, rue saint germain.
Spic, près saint laurent.
Marie, près les halles.
Daveine, rue du four.
Baudet, rue saint jacques.
Dionis, rue des deux ponts.
Guilbert, rue des fossés saint bernard.

Jacquesson, rue saint louis, près le palais.
Laisné de campigny, quai des ormes.
D'Alandhuy, rue saint jacques.
Pareille, rue aux ours.
Bouché, *surviv.* vieille rue du Temple.
Samy, rue froidmanteau.
Chevalier, rue champfleury.
De la Porte, rue de la roquette.
Leconte, rue de charonne.
Joly, rue de charenton.
Leliot, rue de beauregard.
Mancelle, vieille rue du temple.
Fourée, fauxbourg saint martin.
Nager, rue du bac.
De la Motte, rue saint antoine.
Dyot, rue du verbois.
Dubois, aux filles de la croix.
Garellier, rue aux feves.
Mustel, rue saint louis.
Robequin, rue des boucheries.
Feré, rue de la huchette.
Bucaille, rue de la collonnerie.
Maillard, rue comtesse-d'artois.
Garnier, rue saint antoine.
D'Ecosse, rue saint landry.
Masselot, rue montmartre.
Delaunay, près saint medard.
Denise, *surv.* près les halles.
Beaudemont, rue des boucheries.
Devalles, près les carmes.
Roby, au gros caillou.

Boursy , rue saint jacques.
Lesselin , près saint hippolyte.
Regnault , rue neuve saint denys.
Derion , rue des bouchéries.
Chauvin , rue de la calandre.
Mony , rue saint martin.
Guillou , rue des cordiers.
Langlois , sous les charniers des saints in-
     nocens.
Fricot , rue de la verrerie.
Lartaux , quai pelletier.
Maillard , rue du vieux-colombier.
Reau , à villers-la-garenne.
Poullain , rue saint denis.
Détape , rue de bretagne.
Campagne , cour de lamoignon.
Desbarres , rue de clery.
Champion , rue aumaire.
Vincent , rue des prouvaires.
Radou , à belleville.
Lomon , au roulle.
Poirier , aux petits carreaux.
Creftien , rue mouffetard.
Lemaire , *surv.* rue du bacq.
Joly , rue coquilliere.
Rabieuvaux , rue de la coutellerie.
Delaitre , rue saint martin.
Feré , *surv.* rue de la huchette.
Parifot , *surv.* rue & fauxbourg saint anteine.
Duchemin , rue frépillon.
Heron , rue des canettes.

Jacquemin, à la grande pinte.
Dumontier, *surv.* rue saint martin.
Confait, *surv.* rue montmartre.
Chedaille, rue de la mortellerie.
Thomas, rue de savoye.
Hediart, à la porte saint michel.
Habit, rue de la grande truanderie.
Harlet, rue contrescarpe.
Joye, rue du temple.
Chicoineau, rue de l'Oursine.
Collon, rue beaujolois.
Le beau, à saint mandé.
De Mongeot, grande rue du fauxbourg
    saint antoine.
Olivier, à la communauté des filles de
    saint geneviéve.
Le Gendre, rue des deux-anges, fauxbourg
    saint germain.
Le Fevre, rue & vis-à-vis le temple.
Gavot, rue saint andré des arts.
Fournier, *surv.* rue de la tixeranderie.
Bourgade, rue tirechape.
Vigny, *surv.* rue
Bourdin, près la paroisse de la ville l'évêque.
Le Jeune, rue des lavandieres.
Barry, rue des moineaux.
Espert, rue montorgueil.
Didot, place saint michel.
Rougemont, rue saint germain l'auxerrois.
Morice, rue des juifs.
Bouour, près la porte saint Denys.

Jamme, place cambray.
Mouchet, rue saint honoré.
Devienne, rue des trois Maures.
Drifvelt, *furv.* rue de bourbon.
Lelong, rue de févre.
Maffé, rue de buffy.
Poubelle, rue montmartre.
Braut, près la barriere des Incurables.
Dagory, rue du fauxbourg du temple.
Landon, à la Villette.
Nogard, rue des Nonaindieres.
Foulon, rue bare-du-bec.
Carré, rue saint martin.
Pilorget, *furv.* rue coquilliere.
Dufuilly, rue gracieufe.
Monot, rue des Arcis.
Guilbert, rue de l'Ourfine.
Lambert, à boulogne.
Herblot, rue sainte-marie-Egyptienne.
Grifelin, rue des foffoyeurs.
Bellemaniere, rue jean-tifon.
Lucas, rue saint paul.
Vino, rue aubry-le-boucher.
Ferret, rue de la jouaillerie.
Petit, grande rue du fauxbourg S. Antoine.
Jacqueminet, rue darnetal.
Myard, rue saint louis dans l'Ifle.
Joüenne, rue montmartre.
Neinville, rue saint honoré.
Becat, rue saint honoré.
Raillard, rue des Prêcheurs.

H v

Langlois, marché-neuf.
Grenier, rue des carmes.
Le Roi, rue gaillon.
Vallancier, rue neuve notre-dame.
Léveillé, *furv.* aux filles de la croix.
Privez, barriere du fauxbourg S. laurent.
Ganachos, rue de feine, fauxbourg S. germain.
Le Fort, rue faint jacques.
Royer, à Paffy.
Rouffange, fauxbourg faint Jacques.
Lheureux, rue fainte anne.
Pautrat, rue faint Sauveur.
Fournier, rue de gêvres.
Vinot, rue du cœur-volant.
Champion, rue de féve.
Badin, rue faint feverin.
Porlier, près la croix-faubin.
Vilain, *furv.* rue des deux-ponts.
Scot, rue du chevalier du guet.
Cagnard, *furv.* rue des boucheries.
De la Croix, fauxbourg faint denys.
De Milly, rue dauphine.
Brazard, rue des gravilliers.
Mugnerot, rue maubué.
Dobremes, *furv.* rue du ha ay.
Pain, rue du fépulchre.
Cheretz, rue de la verrerie.
Poulain, rue du temple.
Chapuy, rue faint denys.
Briand, rue de rats.

Gatelier, rue des hauts-moulins,
Furet, rue saint honoré.
Lesgu, rue de la juiverie.
Gourlet, rue de clery.
Silveftre, à la nouvelle-France.
Vezien, rue de biévres.
Picon, rue saint denys.
Joffo, rue neuve saint louis.
Landry, rue saint victor.
Denuifemente d'Afleville, rue beaubourg;
Operie, rue saint antoine.
Péronon, rue de bourgogne.
De Rouillié, rue saint jacques de la bou-
    cherie.

---

M. Dupont, clerc des Ecoles, *parvis Notre-Dame.*

---

La reception des maîtres comme des maîtreffes coûte cinquante livres quatre fols. Sçavoir :

Pour la communauté                30 liv.
Le pain-béni une fois payé         3
Expédition des lettres au greffier  15  4f.
Au Clerc de la communauté.         2

Quand un maître ou maîtreffe nouvelle-
ment reçu prend la place d'un autre dans
un quartier, il est d'ufage qu'il prenne

H vj

auffi les effets de celui ou de celle qui quitte fur le pied de l'eftimation qui en eft faite par le greffier.

La troifiéme efpéce de maîtres d'école comprend la nombreufe communauté des maîtres écrivains jurés : elle eft comme les autres communautés des arts fous la jurifdiction du lieutenant-général de police : ils prennent auffi des penfionnaires à qui ils enfeignent à écrire , à compter , & à tenir des livres.

Paris a un très-grand nombre d'écoles chrétiennes & charitables., tant pour les filles, que pour les garçons : elles font tenues dans plufieurs paroiffes fous la direction & l'infpection des curés, par les freres des écoles chrétiennes pour les garçons, & par les fœurs de la charité pour les filles ; la principale communauté de ces fœurs eft *au fauxbourg faint Laurent.* C'eft-là communauté des fœurs Grifes.

Les freres des *écoles Chrétiennes* ou de la communauté de faint Yon dont le chef lieu eft à Rouen, ont quatre maifons dans Paris.

Une maifon dans la paroiffe de faint Sulpice.                         17 freres.

Une maifon dans la paroiffe de la Magdeleine de la ville l'évêque.          3

Une maifon paroiffe faint Medard.          3

Une maifon paroiffe faint Etienne du Mont.          2.

## ACADEMIES DU ROI.

Mémoire des pensions par an, & des autres frais qui se payent d'avance par quartiers.

| M. DUGARD, Ecuyer du Roi. | | M. DE JOUAN, Ecuyer du Roi. | |
|---|---|---|---|
| Pour un Gentilhomme, | 1500 liv. | | 1500 liv. |
| Pour un Gouverneur, | 700 | | 700 |
| Pour un Valet de chambre, | 500 | | 500 |
| Pour un Laquais, | 400 | | 400 |
| Au Tapissier, si l'on s'en sert, | 150 | | 150 |

### A payer une fois seulement en entrant.

| Droits d'entrée, | | 200 liv. | | | 200 liv. |
|---|---|---|---|---|---|
| Droits d'écurie, | | 27 | | | 29 |
| A Maître de Mathématiques, | Noblesse | 15 | | Menil-Huri, | 15 |
| A Maître d'armes, | Teillagori, | 18 | | Motet, | 18 |
| A Maître à danser, | Lacorne, | 15 | | Chartier, | 15 |
| Exercices de la guerre, | Laval, | 15 | | Laval, | 20 |

### A payer par mois.

| Les gaules, | 3 | | |
|---|---|---|---|
| Si l'on se sert du Domestique commun, | 6 | | 6 |

### Demi-pension par an, payée par quartier.

| Pour un Gentilhomme, | 1200 | | 1200 |
|---|---|---|---|
| Entrées une fois payées, | 200 | | 200 |

### Pour les Externes.

| Le premier mois, tous droits compris, | 152 | | 152 |
|---|---|---|---|
| Les autres mois, | 72 | | 72 |

### Pour ceux qui veulent apprendre à courir les têtes, &c.

| Par mois, | 40 | | 40 |
|---|---|---|---|

Chaque cheval qu'un Académiste monte pour la première fois, s'appelle pour lui, un cheval d'avance, & se paye au palefrenier qui le donne, 12. sols ou 24 sols, suivant la classe du cheval.

*************************

# EXERCICES.

## ACADÉMIES DU ROI

*Pour apprendre à monter à cheval.*

PAris n'a plus que deux * académies
pour apprendre à monter à cheval, à
courir la bague, les têtes, &c. & pour tous
les autres exercices convenables à la no-
blesse & aux jeunes gens qui se destinent
à la guerre. Il y a dans chacune de ces
deux académies des maîtres en fait d'armes
ou d'escrime, des maîtres à danser, maî-
tres à dessiner, maîtres de mathématiques,
de langues, de musique, & pour apprendre
à jouer de toute sorte d'instrumens sans
sortir de la maison. Ces deux académies
sont tenues sous l'autorité du grand écuyer
de France par les écuyers du Roi ci-après.

M. Duguard, *au manége des Thuilleries.*

M. de Jouan, *près saint Sulpice.*

* La troisiéme qui étoit tenue par M. de
Croissy, écuyer du Roi, vient d'être suppri-
mée.

# MAISTRES

## *En fait d'armes ou d'escrime.*

LA compagnie des maîtres en fait d'armes de Paris est actuellement composée de 16. maîtres : elle ne peut point excéder le nombre de 20. Nous regardons cette compagnie comme formant une espéce d'académie des armes, dont M. Rousseau maître en fait d'armes de Monseigneur le Dauphin & des enfans de France, peut être regardé comme le chef. Le Roi lui a accordé en 1755. des lettres de noblesse, & l'a décoré du cordon de saint Michel.

### MESSIEURS.

| | |
|---|---|
| Rousseau. | à Versailles. |
| Du Mouchel. | rue saint Martin. |
| Daniel. | rue de la Monnoie. |
| Ladroit. | rue |

Teillagori maître en fait d'armes de l'académie du roi avec brevet, aux écuries d'orléans.

| | |
|---|---|
| Fauveau. | rue saint Martin. |
| Le Perche. | rue Mazarine. |
| Thonnard. | près la croix du trahoir. |

Motet, maître de l'académie du Roi , avec brevet.    rue de seine.

| Chabot. | rue de la bretonnerie. |
| Riviere. | rue des foffés S. germain. |
| Danet. | rue du chantre. |
| Guillaume. | rue de feine. |
| Donadieu. | rue des vieilles étuves. |
| De la Salle. | rue faint Jean de beauvais. |
| De Vaucourt. | rue des cordeliers. |

### Maîtres à danfer.

Le nombre des maîtres à danfer eft trop grand, pour que nous puiffions en donner ici la lifte. * Nous nous contenterons de nommer les treize qui compofent l'académie royale de danfe, fans prétendre enlever aux autres la juftice qui eft due à leurs talens. Cette académie fut établie par lettres patentes du mois de Mars 1661. regiftrées en parlement le 30 Mars 1662.

### MESSIEURS.

Laval, maître à danfer de Monfeigneur le Dauphin & des enfans de France, directeur de l'académie de danfe, rue S. Thomas du louvre.

| Marcel. | rue de beaune. |
| Dupré. I. | rue. |
| Malter. I. | rue patourel. |
| Malter. II. | rue des cordeliers. |

* Nous tâcherons de donner cette lifte dans la feconde édition de cet ouvrage.

| | |
|---|---|
| Malter. III. | rue des petits-augustins. |
| Dumoulin. | rue. |
| Javiliers. | rue croix des pet. champs. |
| Matignon. | rue des foffés de M. le pr. |
| Dupré II. | cloître faint benoît, |
| Lani. | rue neuve des p. champs. |
| Veftris. | rue neuve faint euftache. |
| Lyonois. | rue montmartre. |

*Maîtres de Paulme.*

Il y a dans les différens quartiers de Paris treize jeux de paulme, où l'on voit quelquefois les princes & les plus grands feigneurs s'amufer à ce noble exercice. Les jeunes gens qui veulent apprendre à jouer y trouvent les maîtres & des garçons, qui donnent des leçons, à raifon de 12 fols par heure.

### MESSIEURS.

| | |
|---|---|
| Barneon. | rue verdelet. |
| Daudeman. | rue beaubourg. |
| Goffaume. | rue mazarine. |
| Goffaume. | rue hiacinte. |
| Grapin. | place faint michel. |
| Liebeau. | rue mazarine. |
| Liedet. | à l'eftrapade. |
| Maffon, | rue des écouffes. |

| Maſſon. | rue grenelle ſaint honoré. |
| Maſſon. | rue mazarine. |
| Maſſon. | à l'eſtrapade. |
| Myon. | rue mazarine. |
| Paſchal. | rue beaurepaire. |

## Maîtres de Billard.

Il y a au moins 60 jeux de billard diſtribués dans les différens quartiers de Paris, appartenans au corps des maîtres paulmiers, ou plutôt aux particuliers qui ſont de cette communauté. Ces jeux ſont fort fréquentés aujourd'hui par des domeſtiques ou gens de bas-étage : les maîtres & les garçons donnent des leçons à ceux qui veulent apprendre à jouer.

## Jeu du Mail.

Les Princes ne dédaignoient pas autrefois d'exceller dans cet exercice. Il eſt fort négligé depuis quelques années, & nous ne connoiſſons d'autre jeu de mail régulier dans cette ville, que le jeu du mail derriere l'Arſenal.

# SCIENCES

## ET ARTS LIBÉRAUX

*Professeurs pour les langues.*

Crecque.
Siriaque.
Hébraïque.
Arabe.
} Au Collége Royal. Il y a des Professeurs fondés pour chacune de ces langues.

Latine. { Aux Colléges de plein exercice, & chez les maîtres de pension.

Langue & littérature françoise. } M. Touffaint, Avocat au Parlement, de l'académie royale de Pruffe, *rue d'enfer.*

Il fait chez lui avec beaucoup de fuccès & d'applaudiffement des cours particuliers ou conférences fur la langue & la littéraeure françoise, en faveur d'un certain nombre de fouscripteurs.

Ces cours font ordinairement de quatre mois, trois jours de la femaine, mardi, jeudi & famedi.

---

## DÉCLAMATION.

*Plufieurs des plus célèbres comédiens du roi donnent des leçons.*

| MM. | Mlles. |
|---|---|
| Sarrafin. | Dumefnil. |
| Grandval. | Clairon. |
| La Noue. | Gauffin. |
| Le Kain , &c. | Grandval , &c. |

---

*Maîtres particuliers qui vont donner des leçons en ville pour les langues.*

MM.

Allemande. Cocceius , Saxon, *Quay des Moifondus , au bras d'or.*

Rhombius fils , *rue des Cordeliers.*

Marchand , *rue de la Harpe.*

### MM.

**Angloise.**

Flint, *rue du Four*, près l'égoût.

Berry, *rue saint Honoré à la Croix d'or, vis-à-vis les Charniers des Sts Innocens.*

Rollet l'aîné, *rue saint Honoré, près la rue des Poulies chez le Notaire.*

---

**Italienne.**

Conti, *à l'Ecole militaire.*

Bertera, *rue pot de fer.*

Sapieni, *rue de la Harpe.*

Cardinali, *au petit Luxembourg.*

Fortunati, *au coin de la rue de Beaune.*

---

**Espagnole.**

L'Abbé Giron, *rue saint Dominique.*

Bertera, *rue pot de fer.*

Sapieni, *rue de la Harpe.*

On pourroit avoir recours aux interprètes employés à la bibliothéque du Roi, pour avoir des maîtres de toute sorte de langues.

*Maître pour apprendre à parler aux muets.*

M. Pereyra, Espagnol, *rue S. André des Arts.*

Les Journaux ont trop souvent parlé des succès de M. Pereyra, pour que nous osions ajouter ici notre suffrage : il parle plusieurs langues, comme l'Espagnol, le Portugais, le François, l'Italien, &c. & il forme ses éleves à entendre & à parler celle qui leur convient le mieux. Le Roi lui a accordé une pension.

**MM.**

Géographie & Histoire.
    Philippe de Pretot, *rue de la Harpe.*
    L'Abbé Geofroy, *rue de*
    L'Abbé Antoine, *rue*
    Le Blanc, *rue de Gesvres.*

M. Philippe, outre les leçons qu'il va donner en ville, fait tous les ans chez lui avec le même zèle & le même succès un cours général gratuit d'histoire & de géographie. Il y fait encore des cours particuliers pour un certain nombre de souscrip-

teurs qui connoiſſent l'utilité des leçons com-
munes.

Il y a dans Paris pluſieurs maîtreſſes d'hiſtoire & de géographie, qui vont donner des leçons en ville à de jeunes demoiſelles : nous voudrions les connoître pour en parler.

Mad^lle Gracis prend chez elle de jeunes demoiſelles de l'âge de ſix ans, à raiſon de 600 livres de penſion par an, pour tout : & ces jeunes demoiſelles apprennent chez elle à lire, à écrire, à compter, les principes de la langue françoiſe, la muſique & le deſſein.

Elle demeure, *rue des vieux Auguſtins.*

Hiſtoire naturelle. — M. Bomard de Valmond, démonſtrateur d'hiſtoire naturelle, & membre de la ſociété littéraire de Clermont-Ferrand, s'eſt aſſujetti en faveur d'un certain nombre de ſouſcripteurs, de faire chez lui tous les ans deux cours d'hiſtoire naturelle ſur les minéraux, les végétaux, les animaux. A l'hôtel d'hollande, *vieille rue du temple.*

Le prix de la ſouſcription eſt de 72 liv.

pour chaque souscripteur pour le cours entier : on a la liberté de souscrire pour chaque genre en particulier.

> Pour le régne minéral,   30 liv.
> Pour le régne végétal,   24
> Pour le régne animal,   18

MM.

| | |
|---|---|
| Mathématiques. | Clairaut le pere. |
| | De Moncarville, *rue de la vieille bouclerie.* |
| | Bezoul, *rue des Poulies.* |
| | Le Thuilier, *quai de la Megisserie* |
| | La Botiere, *rue des Maçons.* |
| | Roussel, *cloître S. Benoît.* |
| | Robert de Vaugondi, *quai des Morfondus.* |
| | L'Abbé de la Chapelle. |
| | L'Abbé de la Marre. |
| | L'Abbé Charlier, *rue de la Harpe* |
| | De la porte. |
| | Marais, &c. |

| | |
|---|---|
| Géométrie pratique. | Terrier, *rue de Poitou.* |

*Il fait chez-lui des cours de Géometrie-pratique, qu'il annonce par des affiches.*

Philofophie.   Aux colléges de l'Univerſité.

*MM. les Profeſſeurs de ces colléges ſe font un plaiſir d'indiquer des maîtres particuliers, ou des répétiteurs de Philoſophie.*

---

Phyſique expérimentale.   Au collége de Navarre.

Le Roi a établi dans ce collége une chaire de phyſique expérimentale, la premiere & l'unique en France. Elle eſt remplie par le célébre M. l'Abbé Nollet, de l'académie des ſciences.

M· l'Abbé Nollet faît auſſi chez lui des cours particuliers, *aux galeries du Louvre.*

M. Delor, *à l'eſtrapade.*

---

Théologie.   Aux colléges de Navarre & de Sorbonne·

4 Profeſſeurs au collége de Navarre.

6 Profeſſeurs, au collége de Sorbonne.

1 Profeſſeur pour expliquer la bible en hebreu.

---

Droit.

Droit. *aux écoles de Droit.* } *rue S. Jean de Beauvais.* & *à la place de Cambray.*

6 Professeurs en Droit Romain.

1 Professeur de Droit françois.

12 Docteurs aggrégés.

*On peut s'adresser aux Professeurs pour avoir des répétiteurs de Droit.*

———

Médecine. Aux écoles de la faculté, *rue de la Bucherie.*

Au collége royal, *place de Cambray.*

Il y a des professeurs pour la phisiologie, la pathologie, la pharmacie Galenique & chymique, la chirurgie en latin & en françois, la matiére médicale, un cours d'accouchemens, & deux cours d'anatomie.

Des docteurs de cette

I

faculté font tous les ans des cours de chymie & de botanique , *au jardin du roi.*

M. Demours, médecin oculiste, *rue saint André des Arts.*

*Il donne chez-lui des consultations charitables le mercredi & le samedi matin.*

| Chirurgie. | Aux écoles de saint Côme, *rue des Cordeliers.* |
| --- | --- |
| | 2 Professeurs pour l'anatomie. |
| | 2 Professeurs pour les opérations. |
| | 2 Professeurs pour l'ostéologie. |
| | 2 Professeurs pour les principes de la chirurgie. |
| | 2 Professeurs pour les accouchemens. |
| | 1 Professeur pour la thérapeutique. |

*Outre les cours publics, tant de médecine que de chirurgie, de chymie & de botanique, il y a des médecins, des chirurgiens & des chymistes qui font chez eux des cours particuliers pour certaines parties.*

MM.

Ferrein,  } font chez eux des cours
Petit,    } particuliers pour certai-
          } nes parties de la mé-
          } decine.

Macquer,  } font chez eux des cours
Baumé,    } de chymie, *rue S. Denys.*

Rouelle,                *rue Jacob.*

M. Rouelle a formé chez lui un cabi-
net des mines d'Allemagne.

De la Planche,       *rue de la monnoye.*

Plusieurs cours de chymie & de bota-
nique au jardin des apothicaires. On les
annonce par des affiches.

---

*Cours particuliers d'anatomie faits par des
maîtres en chirurgie.*

MESSIEUS.

Verdier,              *rue Mâcon.*
Süe,               *rue de l'Arbre se.*
Didier,         *vieille rue de la Draperie.*
Barbaut,              *isle saint Louis.*
Helie, &c.        *près la Croix rouge.*

*Cours d'accouchement.*

Barbaut,              *isle saint Louis.*
Levret,         *rue des vieux Augustins.*

La communauté des maîtres en l'art &
science de chirurgie de la ville de Paris
est composée d'environ trois cents qui exer-
cent dans la ville & dans les fauxbourgs.
Il y en a plusieurs parmi eux qui se sont dé-
voués principalement aux accouchemens,
ou à quelqu'autre partie de l'art.

### *Experts reçus à saint Côme.*

On reçoit à saint Côme les experts pour
les yeux, ou oculistes : les experts her-
nieres ou pour les bandages : les experts
pour les dents ou dentistes, & les sages-
femmes.

### *Oculistes.*

#### MESSIEURS.

| | |
|---|---|
| Secours, | *rue Gervais Laurent.* |
| Beranger, | *place Dauphine* |
| Babelin, | *rue Grenelle saint Honoré.* |
| Besson, | *rue Montmartre.* |
| Desgendron, | *rue Titonne.* |

Daviel, chirurgien ordinaire & oculiste
du Roi, *rue d'Argenteuil.*

### *Experts dentistes.*

#### MESSIEURS.

| | |
|---|---|
| Caperon, | *Place du vieux Louvre.* |

| | |
|---|---|
| Laudumiay, | quai Pelletier. |
| Fauchard, | rue des Cordeliers. |
| Flamand, | rue Dauphine. |
| Le Roux, | cimetiere saint Jean. |
| Senequier | rue de la Harpe. |
| Courtois, | rue des fossés saint Germain. |
| Bonnet, | rue saint Denys. |
| Thibaut absent. | |
| Emart, absent. | |
| Tubeuf, | pont Marie. |
| Madlle Calais, | rue Grenelle saint Honoré. |
| Perria, | rue du Four saint Germain. |
| Barraud, | rue saint Honoré. |
| Dumas, | près la rue des Fondeurs. |
| Brocart, | près la barriere des Sergens. |
| Duchemin, | rue des fossés saint Germain. |
| Le Roux II. | Cimetiere saint Jean. |
| Duverdier, | rue saint André des arts. |
| Bourdet, | rue de l'Arbre sec. |
| Foucou, | rue sainte Marguerite. |
| Hebert, | rue des fossés saint Germain. |
| Le Roy, | rue Grenelle saint Honoré. |
| Gaillard, | rue des fossés saint Germain. |
| Le Monier, | rue Fromentau. |
| Rougier, absent. | |
| Léclufe, | rue du Four saint Euftache. |
| Barruffeau, | rue de la Jouaillerie. |
| Laveran, | cloître S. Germain l'Auxerrois. |
| Boify de Beaufoleil, absent. | |
| Fontaine, | rue des fossés saint Germain. |

Hallé de la Touche,   quay de l'École.
Madlle Hervieux,   *rue Geoffroy l'Asnier.*
Quetissant, *rue du Four saint Germain.*
Jourdain,   *pont saint Michel.*
Chardon,   *rue de la Draperie.*
Raffet,   *rue d'Argenteuil.*

---

*Experts herniers ou pour les bandages.*

### MESSIEURS.

De Lorme,   *quai Pelletier.*
Martine,   *quai de l'Horloge.*
Sorraiz - chirur-
gien Espagnol.   *rue Haute-feuille.*
Neilson,   *quai de la Megisserie.*
Charrain,   *rue des vieux Augustins.*
Malapau - bou-
caut.   *rue S. Severin.*
Mlle Guiton,   *rue du Four S. Honoré.*
Gerard,   *rue de Gèvres.*
Tiphaine,   *rue des Prouvaires.*
Cousin,   *rue Comtesse d'Artois.*
Raguet,   *quai de la Megisserie.*
Mlle de Launay.   *rue des Sts Peres.*
Jean,   *rue S. Germain l'Auxer-*
  *rois.*

Geofroi,   *pavillon des 4 Nations.*
Lati,   *rue de la Harpe.*

| Dugés, | rue Monceau S. Gervais. |
| Vialle, | rue du Sépulcre. |
| Bonhomme, | rue Mâcon. |

---

### Bains médecinaux.

**M. Guerin,** *rue des Jeûneurs.*

M. Guerin eſt l'inventeur d'une machine très - ingénieuſe qui a mérité l'approbation la moins équivoque de la faculté de médecine & de l'académie royale de chirurgie pour adminiſtrer des bains médecinaux & les fumigations de toute eſpece pour la guériſon des maladies douloureuſes & croniques. Les *douches* des eaux minérales, naturelles ou artificielles, peuvent y être données en toute ſaiſon avec autant d'avantage qu'à la ſource même de ces eaux ſalutaires contre les paralyſies, les rhumatiſmes, les douleurs de nerfs & les ſciatiques. Les avantages de cette machine ſont atteſtés aujourd'hui par l'expérience qu'en ont fait pluſieurs malades du premier rang.

I iv

# BEAUX ARTS.

## *Ecoles particuliéres publiques.*

OUtre l'academie royale de peinture, sculpture & gravure, dont nous avons parlé plus haut, il y a encore à Paris deux autres écoles ou academies de peinture. L'une est à la manufacture royale des Gobelins, dirigée par les artistes, à qui le roi donne un logement dans l'hôtel royal des Gobelins, & qui sont pour l'ordinaire membres de l'academie royale.

L'autre est l'academie de saint Luc, entretenue par la communauté des maîtres peintres & sculpteurs de Paris, qui ont été réunis en 1613. Elle fut établie par le prévôt de Paris le 12 août 1391. Cette communauté occupe proche saint Denys de la chartre une maison où elle tient son bureau, & une academie publique administrée ainsi que l'academie royale, & où l'on distribue tous les ans trois prix de dessein aux éleves, *pont notre-Dame.*

Les écoliers peuvent y prendre leçon tous les jours après midi.

Une école d'architecture formé par M. Blondel de l'académie royale d'architecture, *rue de la Harpe.*

Cette école très utile, qui a été ouverte le 15 Juin 1754, est composée de professeurs pour toutes les parties de l'architecture tant civile, que militaire.

M. Dumont, architecte, tient chez lui une école d'architecture principalement pour l'architecture des ponts & chaussées, rue neuve saint Merri, *à l'hôtel de Jabac.*

Une école de musique pour la composition, pour la voix & pour toute sorte d'instrumens, formée par M. Dupuy des Bricettes, *rue Platriere.*

Maîtres particuliers de dessein & de peinture, de sculpture, & de gravure.

Nous sçavons que parmi les académiciens il y en a quelques-uns qui donnent des leçons chez eux.

*Peintres académiciens.*

M E S S I E U R S.

| | |
|---|---|
| Galoche, | *aux galleries du Louvre.* |
| Restout, | *aux galleries du Louvre.* |
| Vanloo pour les pensionaires du roi, | *place du vieux Louvre.* |
| Pierre, | *rue du Hazard.* |
| Vien, | *au vieux Louvre.* |

| | |
|---|---|
| Valadè, | cloître faint Honoré. |
| &c. | |

### Pour la perspective.

| | |
|---|---|
| Leclair | aux Gobelins. |
| Challe, | rue Gaillon. |

---

### Sculpteurs académiciens.

| | |
|---|---|
| Pigalle, | aux galleries du Louvre. |
| Michel-Ange Slodtz, | rue des Canettes. |
| Adam l'aîné | |
| Adam cadet, | rue baffe du Rempart. |
| Vaflé, | au Louvre. |
| Falconet, | au Louvre. |

---

### Graveurs académiciens.

#### MESSIEURS.

| | |
|---|---|
| Cars, | vis-à-vis le Pleffis. |
| Audran, | aux Gobelins. |
| Moyreau, | rue des Mathurins. |
| Le Bas, | rue de la Harpe. |
| Surugue fils, | rue de Sorbonne. |
| Tardieu, | rue des Noyers. |

Il y a dans Paris, pour ces trois parties, un très grand nombre de bons maîtres qui vont donner des leçons en ville, & qui ne font point de l'académie. Nous voudrions bien les connoître, pour, en les indiquant, rendre à leurs talens la juftice qui leur est due , & nous nous ferions un plaisir de rendre ce service aux personnes qui peuvent en avoir besoin. Nous eperons que nous pourrons les satisfaire dans l'édition qui suivra celle-ci.

---

| | |
|---|---|
| Architecture. | Nous renvoyons à l'academie royale d'architecture, & à l'école de M. Blondel dont nous avons parlé plus haut. |

M. Dumont , *à l'hôtel de Jabac, rue saint Merri.*

### MESSIEURS.

| | |
|---|---|
| Ecriture. | D'autrep, *vis-à-vis saint* |
| Teneurs de | *Roch.* |
| Livres. | Henard , *rue des petits champs.* |

Rolin, *rue saint Martin.*

Rolland, *rue de la couture sainte Catherine.*

---

# MUSIQUE.

## COMPOSITEURS.

### MESSIEURS.

Rameau.
Blamond , surintendant
Rebel , surintendant
Francœur , surintendant

*de la musique du roi.*

I vj

Mondonville, *maître de musique de la cha-*
*pelle du roi.*

Dauvergne, *maître de musique de la cham-*
*bre du roi.*

Lagarde, *ordinaire de la musique de la*
*chambre du roi.*

L'abbé Blanchard, *maître du musique de la*
*chapelle du roi.*

Myon, *maître de musique des enfans de*
*France.*

Breval, *maître de musique de la sainte*
*Chapelle.*

Goulet, *maître de musique de notre-Dame.*

L'abbé Bordier, *maître de musique des In-*
*nocens.*

Cordelet, *maître de musique de saint Ger-*
*main l'Auxerrois.*

## MAITRES DE MUSIQUE.
### MM.

Françoise.

Chapotin, *rue Platriere.*

Chauvin,

David, *rue basse du Rem-*
*part.*

Dumas, *rue Montmartre,*
*près saint Eustache.*

Dupuy, *rue Platriere.*

Fel, *rue saint Thomas du*
*Louvre.*

Feret, *rue.*

MM.

Iſo, *près ſaint Roch.*

Le Menu, )

Malvaux, *rue neuve ſaint Merri.*

Simon, le deſſus, *Iſle ſaint Louis.*

L'abbé Duchêne, *à notre Dame.*

*Le public ſçait que preſque tous les muſiciens de l'opéra & du concert ſpirituel enſeignent la muſique.*

Italienne.     Canavas l'aîné, *au petit Luxembourg.*

Rutgi, *rue Platriere.*

---

MM.

Pour le goût du chant.     Myon, *rue du Four ſaint Germain.*

Berard, *rue Traverſine.*

Lagarde, *rue de Richelieu.*

Naudet, *rue*

L'Abbé de la Croix, *à la ſainte Chapelle.*

Godard, *rue*

Rochard, *rue du petit Lyon.*

---

MM.

Rameau.

Clavecin.     Daquin, *à ſaint Paul.*

Couprin , *à côté de saint
Gervais.*

Clairambaut, *rue du Four
saint Germain.*

Fourqueray , *rue*

Balbatre , *à côté des Capu-
cines.*

Duphly , *rue de la Verrerie.*

Jolage , *rue du Temple.*

Simon , *rue Montmartre.*

Dubousset , *Isle saint Louis,*

Noblet , *rue Fromanteau.*

Foquet , *rue de Cleri.*

Laporte, *rue des Prouvaires.*

## MAISTRESSES.

Mad. Veniéri , ci devant ,

Mlle de Mars , *rue saint
Thomas du Louvre.*

Mlle Dubreuil , *rue saint
Sauveur.*

Mad. Baudeu, *rue Honoré
chevalier.*

Mad. Obter, *rue du Jar-
dinet.*

Mad. Dupré , *cloître saint
Benoît.*

Mad. Deusez, *rue du gros
Chenet.*

Mad. Laporte, *rue des Prou-
vaires.*

Mad. Dupont, *au Couvent*
*de la Roquette.*
Mad. Heriffé, *rue du petit*
*Lyon.*

Tous les organiftes enfeignent à jouer
du clavecin.

|  | MM. |
|---|---|
| Guitarre. | Rodrigue, *place Vendôme.* |
|  | Berard, *rue Traverfine.* |
|  | Lagarde, *rue de Richelieu.* |
|  | Paifible, *aux écuries d'Or-* *leans.* |
|  | Mlle Louvet, *rue Mont-* *martre.* |
| Mandoline. | Sody, *près la comédie Ita-* *lienne.* |
| Califfoncini. | Merchi, l'aîné, *rue* Merchi, cadet, *rue Fro-* *manteau.* |
| Harpe. | Keipher, *aux Quinzevingts* |

___

| Violon & par deffus de viole. | Gavinier, *rue faint Thomas* *du Louvre.* |
|---|---|
|  | Pagin, *à l'Abbaye.* |
|  | Cupis, *à côté de la rue* *d'Antin.* |

Canavas l'aîné, *au petit Lu-*
*xembourg.*

Leclerc, *près la croix du*
*Trahoir.*

Venieri, *rue saint Thomas*
*du Louvre.*

Labbé, fils, *rue sainte Anne.*

Le Roi, *rue saint Thomas*
*du Louvre.*

Dupont, *près la croix du*
*Trahoir.*

Louvet, fils, *rue Montmar-*
*tre.*

Aubert, *près le Grand-Con-*
*seil.*

Miroglio, *cour du grand.*
*Cerf.*

Par dessus de viole.  Salantin, pere, *rue*
Salantin, fils, *rue*
Daquay, *rue ville-l'Evêque.*
Doublet, *rue sainte Anne.*

# MAISTRESSES

*Du par-dessus de viole.*

Mlle Levy ; *rue des Prou-*
*vaires.*

Mad. Dupont, *rue*

Mad. la Roche, *rue Fro-*
*manteau.*

MM.

Violoncello.    Patoir, *rue*

Canavas cadet, *rue faint Roch.*

Talon, *rue*

Labbé cadet, *rue des Boucheries.*

Girault, *rue*

Baur, *rue Platriere.*

Le Breton, *rue aux Fers.*

Anteaume, *rue des 2 Ecus.*

Berard fils, *rue Traverfine.*

Cupis le jeune, *rue de Bourbon.*

MM.

Contrebaffe.    Janotti, *rue*

Auberti, *rue Jean faint Denys.*

Gauffé, *chez M. de la Popliniere.*

Dargent, *chez le prince Grimberg.*

MM.

Baffon.    Blaife, *à la Comédie Italienne.*

Brunel, *rue de l'Arbre fec.*

Garnier, *près la croix du Trahoir.*

Bralle, *rue Fromanteau.*

Dard, *rue des deux Écus.*

|  | Morel, *rue* |
|  | Bertaut pere, ( *à l'hôtel des* |
|  | Bertaut fils, \ *Mousquetai-* |
|  | *res gris.* |

Flutte & Haut-bois.
- Blavet, *à l'Abbaye.*
- Taillard, *rue des Lavandieres.*
- Despréaux, *rue Mauconseil.*
- Monnot, *dans l'Isle.*
- Salantin, *rue Fromanteau.*
- Atis, *aux Invalides.*
- Raux, *au caffé Dupuy.*
- Dard, *près le Palais-Royal.*
- Ruleau, *rue des deux Ecus.*
- Le Brun, *rue*

*Messieurs.*

Musette.
- Charpantier, *rue saint Martin.*
- Chedeville l'aîné, *rue de l'Arbre sec.*
- Chedeville cadet, *rue Coquilliere.*
- Belleville, *rue*

Vielle.
- Dangui l'aîné, *rue Bourg-labbé.*
- Ravet, *rue Troussevache.*
- Baton, *quai des Orphevres.*

Trompette.
- Carraffe, cadet, *près saint Roch.*

La Pierre, *aux Invalides.*
Ambezard, *au Marché neuf.*

Trompette marine. . . . . .

| | |
|---|---|
| Cors de chaſ-<br>ſe. | Hébert, *petite rue ſaint Jean*<br>*de Beauvais.*<br>Peria, *rue.*<br>Slamitz, *rue du Chantre.*<br>Grillet, *rue des Prêtres.* |

Carlin , croix des petits champs.
Raoux, *rue Tiſtonne.*

*Ces deux derniers & peut-être pluſieurs autres dans Paris fabriquent les cors de chaſſe, & enſeignent à ſonner les fanfares & les autres airs de chaſſe.*

| | |
|---|---|
| Timbales. | Vincent, *aux Invalides.*<br>Carrafe l'aîné , *près ſaint*<br>*Roch.* |
| Tambourin<br>de Baſque, &<br>Tambourin<br>Provençal. | Ménage , *aux écuries du*<br>*Roi.*<br>Marchand , *près les Peres*<br>*de l'Oratoire.*<br>Le Tambourin de la Comé-<br>die Italienne. |

Orgue.          Les mêmes maîtres que
                      pour le clavecin.

## FACTEURS D'ORGUES.

*Dans la communauté des maîtres luthiers, faiseurs d'inſtrumens de muſique, il y en a dix qui font des orgues : nous avons cru devoir en donner la liſte.*

MM.
Colard, *rue Mouffetard.*
Cliquot, *rue ſaint Martin.*
Somer pere, *rue S. Jacques.*
Beſſard, *rue des trois Ca-*
*nettes.*
Regnault, *rue Galande.*
Ferrand, *rue ſaint Martin.*
Richard *, *rue de Richelieu.*
Somer, fils, *rue S. Jacques.*
Cliquot, fils, *rue S. Martin.*
Angot, *rue des foſſés ſaint*
*Victor.*

* M. Richard habile méchanicien connu par pluſieurs machines hydrauliques a obtenu un attelier à la bibliothéque du roi, où il a établi ſes ouvriers pour la conſtruction de ſes ouvrages : il fait des ſérinettes. C'eſt lui qui d'après les idées & les ordres de monſieur le comte de ſaint Florentin, a exécuté ce merveilleux ouvrage de méchanique, qu'on voit dans un cabi-

# BIBLIOTHÉQUES

## PUBLIQUES,

*Et les jours qu'elles font ouvertes.*

LA bibliotheque du roi,     *mardi,* *vendredi.*
Ses vacances font les mêmes que celles des Academies.

La bibliotheque faint Victor,     *lundi,* *mercredi,* *famedi.*

Ses vacances font depuis le 15 août jufqu'a la faint Luc.

La bibliotheque du college, Mazarin,     *lundi,* *jeudi.*

net de l'hôtel de ce miniftre. On admire dans cette machine une figure d'enfant qui joue plufieurs airs de flutte avec la plus grande préci-fion : cet acteur authomate eft accompagné par deux oifeaux auffi authomates perchés fur des branches, qui exécutent leurs parties avec un mouvement de bec, fi parfait, qu'on diftingue les tons pleins des femi tons : une baffe conti-nue d'orgue foûtient les trois parties.

Vacances depuis le premier août jufqu'à la Touffaints.

La bibliotheque des Peres de la doctrine chretienne,    *mardi, vendredi.*
Vacances depuis la faint Barthelemy jufqu'au mardi d'après la faint Charles.

La bibliotheque des avocats pour les conférences de doctrine,    *mardi.*
Pour les confultations de charité.    *famedi.*

La bibliotheque de la faculté de médecine,    *jeudi.*

La bibliotheque de faint Germain des prés.

*Elle eft publique de droit un jour de la femaine, depuis que cette maifon a hérité de la bibliotheque du cardinal de Gévres : mais on l'ouvre tous les jours a 9 heures jufqu'à 11. & l'après midi à trois heures jufqu'à cinq.*

BIBLIOTHÉQUES PARTICULIÉRES.

*Ces bibliotheques ne font point ouvertes de droit , mais les bibliothecaires fe font* presque par-tout un plaisir de les ouvrir aux gens de lettres qui se présentent.

La bibliotheque de sainte Géneviéve.

*On peut la voir tous les jours hors le tems des vacances en s'adreffant au R. P. Pingré bibliothecaire.*

La bibliotheque de Sorbonne.
La bibliotheque de Navarre.
La bibliotheque du college des Jésuites.
La bibliotheque de la maison professe des Jésuites.
La bibliotheque des Céleftins.
La bibliotheque des Auguftins.
La bibliotheque de l'hôtel de Soubife.
La bibliotheque du Seminaire de faint Sulpice.
La bibliotheque des Jacobins, *rue faint Jacques.*

*Elle eft très confiderable depuis que l'ordre a hérité de la bibliotheque de M. le duc d'Orleans.*

La bibliotheque des Jacobins, *rue faint Honoré.*
La bibliotheque des Petits-Peres.

*Cette bibliotheque poffede une collection complette de tous les journaux.*

La bibliotheque des Prêtres de l'Oratoire, rue faint Honoré.

La bibliotheque des Carmes Déchauſſés.

*Il n'y a gueres de couvent qui n'ait une bibliotheque, méme aſſez conſidérable : on ſe fait par-tout un plaiſir de les ouvrir.*

Il y a dans Paris un très grand nombre de bibliotheques particuliéres qui mériteroient ſans doute d'être inſcrites au rang des plus belles & des plus rares collections de livres tant par le nombre de volumes que par le choix des ouvrages & des éditions qui les compoſent. Un état de ces bibliotheques feroit connoître ce fonds de richeſſes de cette capitale, ſur lequel les yeux de ſes habitans ne s'arrêtent qu'en paſſant parce qu'on eſt peu occupé de ce qu'on poſſede : telles ſont pluſieurs bibliotheques de médecine appartenantes à des médecins &c.

La bibliotheque de M. Falconet.
La bibliotheque de M. Aſtruc.
La bibliotheque de M. de Juſſieu.
La bibliotheque de M. de la Virotte.

La bibliotheque de M. Floncel cenſeur royal de l'academie des Arcades de Rome : elle eſt compoſée d'environ ſept mille volumes Italiens : cette collection eſt unique en ce genre dans Paris.

*Cabinets*

*Cabinets de tableaux, d'histoire naturelle,
de médaille, d'antiques, & d'autres
curiosités.*

NOus ne connoissons point dans l'Euro-
pe de plus beau cabinet d'histoire natu-
relle que le cabinet du jardin du Roi, sous
la garde de Mrs de Buffon & d'Aubanton ;
ni de plus belle collection de tableaux
que celle des tableaux de sa Majesté, qui
comprend plus de 18 cents tableaux des plus
fameux Maîtres, & dont on peut voir une
partie au palais de Luxembourg *le mercredi
& le samedi.*

Le cabinet des desseins du Roi, sous la
garde de M. Cochin secretaire & historio-
graphe de l'academie de peinture, *aux
galleries du Louvre.*

*C'est une collection très-considérable des
desseins des grands peintres tant anciens que
modernes.*

Le magnifique cabinet du Roi pour les
médailles & antiques, sous la garde de
M. l'abbé Barthelemy de l'academie royale
des Belles-Lettres, *à la bibliotheque du
Roi.*

K

On y voit aussi une très-belle collection d'estampes.

---

Le cabinet de monseigneur le duc d'Orleans renferme une collection de tableaux des plus curieuses, & des plus riches de l'Europe.

Le cabinet de ce prince pour les médailles & les pierres gravées sous la garde de M. l'abbé Bellay de l'académie royale des Belles-Lettres, *au Palais-Royal.*

Un cabinet d'histoire naturelle, singulier pour la minéralogie, sous la direction de M. Guettard médecin de monseigneur le duc d'Orleans.

Les mines y sont en très - grand nombre ; les matiéres qui accompagnent ces mines, de toutes les especes : les matiéres rejettées par les volcans dans plusieurs parties de l'Europe & des Indes y sont conservées : la collection des corps marins fossiles est immense, & elle renferme des morceaux particuliers : des terres & des pierres de toutes especes : une suite rare de granites de France. Parmi les animaux, on y distingue le poisson Scie le plus grand qui soit à Paris : & parmi les insectes celui que les Hottentots adorent comme une divinité,

## Cabinets de tableaux.

Le cabinet de monsieur le baron de Thiers, *place Vendôme.*

Le cabinet de monsieur Julienne, *aux Gobelins.*

Le cabinet de monsieur Blondel de Gagny, *place Vendôme.*

Le cabinet de monsieur le comte de Vance, *porte saint Honoré.*

Le cabinet de monsieur le marquis de Voyer.

Le cabinet de monsieur Dazincourt, *rue notre-Dame de Nazareth.*

Le cabinet de monsieur le comte de Salvert, *rue Françoise.*

Le cabinet de monsieur de la Live, introducteur des ambassadeurs, *vis-à-vis les Feuillans.*

*Cette collection est d'autant plus curieuse que monsieur de la Live, amateur éclairé qui pratique l'art, n'a cherché en bon citoyen, qu'à honnorer par une distinction toute nouvelle les fameux peintres & sculpteurs que la France a produits : il n'a épargné ni soins, ni dépense pour rassembler des chefs-d'œuvre des maîtres François*

K ij

*les plus célébres, dont il a composé son principal cabinet.*

Le cabinet de monſieur le duc de Chevreuſe.

Le cabinet de monſieur le duc de ſaint Agnan.

Le cabinet de monſieur le marquis de Choiſeul.

Le cabinet de monſieur de Montulé.

Le cabinet de monſieur de Gaignat.

Le cabinet de monſieur Pagnon.

Le cabinet de monſieur le marquis de Laſſay.

Le cabinet de monſieur Bourret.

Le cabinet de monſieur Prouſteau.

Le cabinet de monſieur Lempereur.

Le cabinet de monſieur le chevalier Menabuoni.

Il a des tableaux, des bronzes, antiques & modernes, des eſtampes, des deſſeins, & des médailles.

Le cabinet de monſieur Titon du Tillet, pour les tableaux, les bronzes & les buſtes en marbre, *rue Montreuil, ſauxbourg ſaint Antoine.*

Les gens de lettres, les curieux, les amateurs des beaux arts connoiſſent le parnaſſe françois de monſieur Titon du Til-

let, dont il est lui-même l'architecte, &
qu'il a fait executer en bronze à la gloire
de la France, de Louis le grand, & des
plus célébres poëtes & musiciens depuis
François I. Ce monument de son goût, de
son zéle pour les arts présente, sur une
montagne isolée, seize figures principales,
[ ce sont les auteurs les plus célébres du
dernier siécle] & plusieurs génies portant
les médaillons des auteurs moins fameux.
Louis XIV. est à la place d'Apollon, &
semble les inspirer tous par sa protection.
Les illustres De la Suze, des Houliéres &
Scudery y sont placées à leur rang.

---

Le cabinet de madame la présidente de
Bandeville. Très-curieux en histoire natu-
relle & principalement en oiseaux, & en-
core plus particuliérement en coquilles
dont la collection est une des plus com-
plettes & des mieux choisies, on y voit
les coquilles les plus rares, comme la Sca-
lata, la pourpre, qu'no appelle le radix à ra-
mages noirs, & autres semblables, *quai des
Théatins*.

Le cabinet de monsieur le duc de Sul-
ly, pour l'histoire naturelle & les anti-
quités, *à l'hôtel de Sully*.

Le cabinet de monsieur le comte de
Caylus, *à l'orangerie*.

K iij

Ce cabinet eſt d'autant plus précieux, qu'il fournit à monſieur le comte de Caylus l'occaſion de ces ouvrages célébres dont il enrichit tous les jours la littérature françoiſe.

Le cabinet de feu monſieur de Réaumur.

*Ce cabinet a été donné à l'académie-roya'e des ſciences : c'eſt un des plus conſidérables que nous connoiſſions en oiſeaux, reptiles, inſectes, minéralogie, & autres parties de l'hiſtoire naturelle. Il a été tranſporté au jardin royal par ordre du roi.*

Le cabinet de feu monſieur d'Ons-en-Bray. Il a été auſſi donné à l'académie-royale des ſciences : il eſt riche en machines de toutes eſpeces : on y admire une pépite d'or d'environ 10 à 12 mille francs, valeur intrinſéque, qui a été trouvée dans les mines du Potoſy.

Le cabinet de monſieur le duc de Chaunes pour les machines & l'hiſtoire naturelle : on y voit une belle Scalata, & une Agathe taillée en forme d'œuf qui renferme dans ſon intérieur une goutte d'eau très-groſſe, *à l'hôtel de Chaunes.*

Le cabinet de ſainte Geneviéve, pour l'hiſtoire naturelle, pour les médailles & antiques de toutes les eſpeces : il y a une collection de vaſes érruſques, peut-être de celles qui exiſtent, la plus précieuſe par le nombre, la beauté, & la perfection de ces vafes. Ce cabinet a été enrichi des médailles de feu monfeigneur le duc d'Orleans , dont il y en a 800 en or.

Le cabinet de monfieur le marquis de Courtanvaux , pour l'hiftoire naturelle, *rue de Richelieu.*

Le cabinet de monfieur d'Argenville, pour l'hiftoire naturelle , deffeins , eftampes & tableaux, *rue du Temple.*

Le cabinet de monfieur d'Azencourt, pour l'hiftoire naturelle, *rue N. D. de Nazareth.*

Le cabinet des Petits-Peres, pour l'hiftoire naturelle , les médailles & les antiques.

Le cabinet des Benedictins de l'abbaye, pour l'hiftoire naturelle, les médailles & les antiques, & pour des divinités indiennes dont la collection eft confidérable.

Le cabinet de monfieur d'Avila , pour l'hiftoire naturelle , *rue des petits Champs.*

On y voit un riche & magnifique coquillier , une grande fuite de pierres précieufes & d'agathes arborifées , une collection de mines & de minéraux des plus riches & des plus fçavantes : plufieurs morceaux de coraux, madrepores & autres corps de cette efpece : plufieurs fortes de cerveaux & de champignons, dont un eft par fa grandeur dans toutes les dimenfions , au deffus de tout ce que l'on a vû dans ce genre : une fuite de cryftaux en tout genre , & le magnifique vafe de cryftal de roche, qui a appartenu au grand Dauphin.

Le cabinet de madame de Boisjourdain, pour l'hiftoire natutelle, *rue faint Marc.*

Ce cabinet eft des plus intéreffants : on y voit des madrepores exquis, des coraux de toute couleur, des mines bien choifies, des cryftaux des plus variés : un morceau de *flos ferri*, fleur de fer, des plus beaux & des plus élegants pour la forme : un coquillier diftingué fur tout par un amiral unique, ( c'eft un amiral de Guinée :) une collection choifie de corps marins foffiles : une autre d'habillemens Américains, dont plufieurs font finguliers pour la matiére dont ils font faits &c.

Le cabinet de monfieur le chevalier Turgot, pour l'hiftoire naturelle, *rue Portefoin.*

Le cabinet des Céleftins, pour l'hiftoire naturelle & autres curiofités.

Le cabinet de monfieur le baron d'Olbac, pour l'hiftoire naturelle, fur tout pour une collection abondante de mines & de minéraux d'Allemagne.

Le cabinet de monfieur Savalette de Buchelay, pour l'hiftoire naturelle, *près les Feuillans.*

Le cabinet de monfieur de Juffieu, pour l'hiftoire naturelle, *rue des Bernardins.*

Le cabinet de monsieur Duhamel de Monceau, pour l'histoire naturelle, dont la principale partie est une belle suite de coraux, madrepores & autres corps marins de cette nature, *isle saint Louis.*

Son cabinet de marine, *au Louvre.*

Ce cabinet de marine est composé d'un modéle de presque tous les vaisseaux, barques, brigantins, galeres, galiottes à bombes, &c. avec leurs agrêts : les parties des principaux de ces vaisseaux séparées, des coupes pour en faire voir la construction intérieure : des formes de bassins de construction & de lancement de vaisseau : des machines pour écurer les ports, pour courber les bois, & autres semblables qui ont rapport à la marine.

M. de la Reyniere, outre une petite collection de tableaux de fameux maîtres, est possesseur d'un vaisseau en petit de 70 piéces de canon, armé & équipé de toutes piéces, qui passe pour un chef-d'œuvre pour les proportions, & pour la perfection de la construction.

Le cabinet du séminaire de saint Sulpice, pour les estampes, & pour l'histoire naturelle, remarquable sur tout par un mandrepore des mieux conservés, le plus grand & le plus beau de cette espéce qui soit à Paris.

K

Le cabinet de M. l'abbé Gourbout, pour l'histoire naturelle, *isle saint Louis.*

Le cabinet de M. l'abbé Aubry, pour les oiseaux, *près saint Eustache.*

Cette grande collection est une des plus belles de Paris, par la rareté & la beauté de ces animaux, & par l'adresse avec laquelle ils sont ajustés : ils sont presque tous des pays étrangers.

Le cabinet de M. Bomare de Valmont, démonstrateur d'histoire naturelle, *vieille rue du Temple.*

Ce cabinet comprend les minéraux, les végétaux, les animaux, & quelques productions, tant de la nature que de l'art : & cette collection réunit le double avantage de pouvoir amuser les curieux instruits, & d'être utile aux autres.

***

Le cabinet du collége des Jésuites, pour les antiques.

Le cabinet de la maison professe des Jésuites, pour les médailles.

Le cabinet de M. Pellerin, pour les médailles.

Le cabinet de M. d'Ennery, pour les médil

Le cabinet de M. de Cleves, pour les médailles.

Le cabinet de M. Duvau, pour les mé-
dailles.

Le cabinet de M. Adam, l'aîné, pour
les antiques.

Le cabinet de monfieur Mariette, pour
les livres d'art, les eftampes, & les deffeins
des grands maîtres.

---

Aux Minimes de la place royale, on
admire dans l'une des galeries, au-deffus
du cloître, deux morceaux d'optique très-
curieux : l'un eft la Magdeleine en contem-
plation dans une grotte; l'autre, faint Jean
l'évangelifte écrivant fon apocalypfe dans
l'ifle de Pathmos.

---

## L'ARSENAL.

L'Arfenal contient un magafin d'armes
très-confidérable, & des armures de
chevalerie, d'autant plus curieufes, qu'elles
font fort anciennes, & qu'elles y font tenues
dans un ordre & une propreté admirables.

K vj

# LE GARDE-MEUBLE

## DE LA COURONNE.

LE garde-meuble de la couronne, ci-devant situé au coin de la rue des Poulies, dans une vieille maison autrefois nommée l'hôtel du petit bourbon, parce que les princes de cette maison y avoient demeuré, la démolition de cette maison ayant été ordonnée, le garde-meuble a été transferé au mois de Mars 1758, en l'hôtel de Conti, près le collége des quatre nations : c'est le magasin général des précieux meubles de la couronne.

*L'on y voit une prodigieuse quantité de très-riches tapisseries anciennes & nouvelles, dont les plus belles, les plus estimées, ont été faites sous le régne de François premier. De ce nombre sont les batailles du grand Scipion, contenant 120 années de cours en 22 piéces, sur 4 aunes de haut, que François premier acheta vingt-deux mille écus, des ouvriers Flamans, au rapport de Brantôme dans la vie de ce Roi. Cette tapisserie est sur les desseins de Jules Romain, ainsi que l'histoire de saint Paul, qui coûta à peu-*

près la même somme. Celles d'après les desseins de Raphaël, sont l'histoire de Josué, de quarante-trois aunes de cours, en huit piéces : la fable de Psiché, en cent six aunes; & les actes des Apôtres, en dix piéces de cinquante-trois aunes.

Il y a plusieurs tentures, d'après les cartons d'Albert, Duré, & de Lucas son contemporain.

On estime fort de ce dernier les douze mois de l'année, de trente-sept aunes de cours. Elle représente les chasses de toutes les saisons, & c'est d'un travail admirable, & d'une variété infinie. Cette magnifique tapisserie a long-tems appartenu à la maison de Guise.

Les sept âges, en vingt-deux aunes, sont aussi du même Lucas, & ne sont pas d'une moindre beauté, ainsi que plusieurs autres de divers anciens maîtres.

Le Roi Louis XIV en a fait fabriquer une très-grande quantité aux Gobelins, sous la conduite & sur les desseins de Le Brun, dont la plûpart sont rehaussées d'or & d'argent : entr'autres, l'histoire des principaux événemens de son régne, en seize piéces, contenant environ cent aunes de cours, sur quatre aunes de haut.

Louis XV a continué auſſi un bel établiſſement, & a fait fabriquer aux Gobelins pluſieurs belles tapiſſeries repréſentant pluſieurs ſujets de l'ancien teſtament, en huit piéces, d'après les deſſeins de Coypel ; quelques ſujets du nouveau teſtament, en ſept piéces, d'après Jouvenel : l'hiſtoire d'Eſther, en neuf piéces, d'après M. de Troy : divers ſujets de chaſſe, en neuf piéces, d'après Oudry ; & pluſieurs ſujets de l'hiſtoire de Don Guichotte, d'après Coypel fils.

L'aunage de ces riches tapiſſeries monte environ à vingt-quatre mille aunes.

Il y a auſſi pluſieurs tapis de la célébre manufacture de la *Savonerie*, qui ſont d'une grande beauté : on admire principalement celui qui étoit deſtiné pour la grande galerie du Louvre : il eſt en quatre-vingt-douze piéces, contenant enſemble deux cens vingt-ſept toiſes de long, ouvrage unique dans ſon genre.

Après ces belles tapiſſeries, viennent les riches broderies anciennes & nouvelles, comme des lits, des tentures de chambre & d'alcoves, qui ont appartenu aux rois François premier, & Henri II, dont les cartouches en ſoye platte ont été deſſinées par les premiers maîtres du tems : un manteau de velours violet ſemé de fleurs d'or,

qui a servi au roi Henri III, pour la pre-
miere cérémonie de l'ordre du saint Esprit,
dont il a été l'instituteur ; & des caparaçons
pour trente mulets, faits pour son mariage :
des piéces détachées très-riches, qui vien-
nent d'un nommé *Hincelin*, où il est lui-
même représenté.

Un lit à fond d'argent, où l'on voit tous
les rois & les reines de France, avec les
princes & les princesses du sang, en habits
de leur tems, le tout en broderie exécutée
à saint Joseph.

Un autre lit, dont l'ouvrage est unique
pour la richesse, d'une broderie rehaussée
de quantité de perles d'un très-grand prix.
Ce lit a été donné à Louis XIV, par mademoi-
selle Marie de Lorraine, duchesse de Guise,
par son testament du 2 Mars 1688. Le lit
appellé le lit *du sacre*, parce qu'il sert à la
reine au sacre des rois : il est tout de bro-
derie fond d'or à grains d'or, avec cartou-
che & tableaux rehaussés d'or. Il représen-
te plusieurs sujets de l'histoire de Moïse,
d'après les desseins de Raphaël. Ce riche
ameublement, le plus beau qu'il y ait en
Europe, a été fait par les ordres de Fran-
çois premier.

Les langes envoyés par le Pape Benoît
XIII pour monsieur le Dauphin. Ils sont
de broderie d'or en plei sur fond de
toile d'argent trait.

On montre quelquefois la chapelle d'or donnée par le cardinal de Richelieu par contrat du premier Juin 1636, composée d'une croix, deux chandeliers, un calice & sa patene, deux burettes, un ciboire, un goupillon, une figure de la Vierge, & une figure de saint Louis, pesant soixante-quatorze marcs, & garnie de neuf mille treize diamans, & de deux cens vingt quatre rubis.

Et la nef d'or du roi, servant dans les grandes cérémonies : elle pese cent six marcs, & est enrichie de diamans & de rubis : c'est un ouvrage de Ballin, célébre orfévre.

Dans une chambre particuliere, on conserve quantité d'anciennes armes, entre lesquelles il en est aussi d'étrangères. On distingue particuliérement l'armure que le roi François premier portoit à la fameuse journée de Pavie. Elle est de fer poli, cizelée en relief de demi-ronde bosse, de divers sujets de l'histoire de Pompée, rainceaux & animaux sur les desseins de Jules Romain : cette armure est la plus curieuse qu'il y ait en Europe, tant par sa légereté, que par la beauté des gravures & des desseins.

L'armure de Philippe de Valois, de fer bruni, enrichie de larges bandes d'or damasquiné.

Celle du roi Henri II, qu'il portoit lorſ-qu'il fut bleſſé par le comte de Mongo-meri dans le malheureux Tournois de la rue ſaint Antoine.

Les armures d'Henri IV & de Louis XIII, une dont la république de Veniſe a fait préſent à Louis XIV, enrichie de gravures ſoigneuſement travaillées, & repréſentant douze villes priſes en Flandres par ſa Ma-jeſté.

Et une que la ville de Paris eut l'hon-neur de préſenter à Monſeigneur, lorſqu'il étoit ſeulement âgé de dix ans.

L'épée de bataille d'Henri IV, dont le pommeau eſt formé par une tête d'aigle d'argent.

Celle d'Henri III, avant qu'il fût nom-mé roi de Pologne.

Enfin, celle de Caſimir, V. du nom, roi de Pologne, mort à Nevers le 14 Décem-bre 1672. La lame eſt gravée en allemand du calandrier.

On ne doit pas oublier une partie des préſens préſentés au Roi à Verſailles, le 11 Janvier 1742, au nom du grand Seigneur, par *Saïd Mchemet*, ambaſſadeur extraordi-naire de la Porte; ils ſont conſervés avec ſoin dans une des amoires du garde-meuble.

Ils conſiſtent entr'autres dans deux capa-raçons de cheval, l'un de drap écarlate, deſſein arabeſque, brodé or, argent & ſoye: l'autre, auſſi de drap écarlate de forme irréguliere, brodé & enrichi de pierres & de perles fines : une ſelle de velours cramoiſi, brodée or & argent: le pommeau & l'arçon garnis de vermeil, enrichi de topaſes, éméraudes, petits diamans & autres pierres précieuſes. Un poitrail enrichi d'or émaillé de différentes couleurs, & d'eſpace en eſpace, de diamans roſes de pluſieurs groſſeurs.

Deux étriers, deux piſtolets, deux fontes de piſtolets, une têtiere, un cartouche, & une poire à poudre, le tout parti de vermeil & or émaillé, & garni de pierreries : pluſieurs carcois, fuſils & piſtolets garnis d'or.

Enfin, on conſerve dans deux grandes armoires artiſtement ajuſtées, diverſes piéces & vaſes d'agathes, jaſpes, lapis, amétiſtes, cryſtal de roche & autres pierres fines, enrichis d'or & de pierreries. Ces morceaux précieux étoient autrefois placés dans la petite galerie, & dans le cabinet des médailles à Verſailles.

On peut conſidérer le garde-meuble de la couronne, comme un tréſor de richeſſes & de curioſités : tout y eſt précieux & magnifique : tout y eſt entretenu & conſervé avec le plus grand ſoin, & dans un ordre admirable. Il y a long-tems que le

public connoît l'attention & le noble dé-
fintéreffement, avec lefquels ce précieux
dépôt, ce magafin royal eft ordonné & ad-
miniftré.

Monfieur de Fontanieu, confeiller d'état
ordinaire, intendant & contrôleur général
des meubles de la couronne.

Monfieur de Fontanieu le fils, ancien
capitaine de cavalerie, chevalier de l'ordre
militaire de faint Louis, en furvivance.

M. Genti, garde général des meubles de
la couronne, & garde particulier des châ-
teau de Compiégne & de Fontainebleau.

M. Durniffeau, premier commis du gar-
de-meuble.

M. Peyrot, peintre & deffinateur du gar-
de-meuble, par brevet du roi, *rue faint
Claude, porte faint Denys.*

# JARDINS DE BOTANIQUES ET DE FLEURS.

*Serres chaudes où l'on éleve des plantes,
des fleurs, & des fruits de toute espéce,
dans toutes les saisons de l'année, &c.*

## LES SERRES DU ROI.

A Versailles.          A Choisy.
A Trianon.            A Bellevuë.
Les serres de l'hermitage , &c.

Les serres du jardin du roi, *rue saint Victor.*

Ce jardin consacré à l'utilité publique est un des plus riches de l'Europe, en plantes de tous les pays du monde : tout y annonce la magnificence royale. L'école, vaste par son étenduë , renferme quatre à cinq mille plantes rangées systématiquement. Le parterre dessiné d'une grande maniere est rempli des mêmes plantes, mais répandues sans ordre bien marqué, & plutôt selon les régles du coup d'œil & de l'agrément, que selon celles de la science botanique. Un labyrinte formé fur une butte eft planté d'arbres verds & d'arbuftes étrangers : & tout près eft un petit bois d'arbres pareils , qui , par leur enfemble & leur variété , préfentent à la vuë une verdure agréable dans le tems où la nature en a dépouillé tous les autres.

Les ferres placées en bas du labyrinte dominent fur tout le jardin : leur forme élégante & agréable en fait un bel ornement. Il faut les voir, lorfque toutes les plantes y font replacées. Les arbriffeaux, les plantes graffes, cette multitude d'aloës , de cierges , de raquettes , &c. furprennent & étonnent la vuë. Enfin on peut dire que le jardin royal eft magnifique à plufieurs égards ; & il le fera encore plus , lorfque les travaux commencés pour fon aggrandiffement & fon embelliffement feront achevés.

Le jardin & les ferres de M. Bombarde, *à côté du Luxembourg.*

Ce jardin confidérable par fon étenduë renferme des bofquets féparés , plantés d'arbres à fleurs, d'arbres étrangers : une école de botanique riche , & toute forte de plantes. Les ferres font très-bien bâties, d'un goût fingulier, grandes, bien diftribuées , & riches également en plantes. Elles font accompagnées de couches pour les femailles , placées de façon à ne pas faire difparat dans le jardin.

Le jardin & les ſerres de M. Chomel médecin, vis-à-vis le jardin de M. Bombarde.

Ce jardin a quelque choſe d'élégant qui plaît & prévient en ſa faveur dès l'entrée. Il eſt en face de cette entrée, terminé par une grille qui laiſſe un libre cours à la vuë pour s'étendre au loin dans la campagne. Une partie de ce jardin, (& c'eſt celle qui eſt du côté de l'entrée) eſt deſtinée pour les fleurs, elles y ſuccédent les unes aux autres. L'autre partie forme un jardin de botanique aſſez riche. Les ſerres tiennent de l'élégance du jardin ; elles ſont en belle poſition, préſentent une grande ſurface preſque toute en vitres : elles ſont remplies d'un grand nombre de plantes belles & rares.

Le jardin de M. le marquis de Gouverné, *rue de Vaugirard.*

Ce jardin eſt précieux pour les plantes bulbeuſes, les œillets & autres. Où voit-on de plus belles tulipes, de plus belles ſemidoubles, de plus beaux œillets &c ?

Le jardin & les ſerres de M. Gencin. Ce jardin eſt digne de la curioſité des amateurs pour les fleurs & les arbres à fleurs. Les fleurs y ſont plantées en corbeilles. Ces corbeilles varient ſelon les ſaiſons. Les arbres y ſont en maſſif : il y a de ces maſſifs qui ne ſont que de roſes : d'autres de jaſſemins : d'autres de lilacs : d'autres de chevrefeuille. Rien n'eſt plus flatteur pour la vuë ; & l'odorat y eſt enchanté.

Le jardin & les ſerres de Monſieur l'abbé Nollin, chanoine de ſaint Marcel *dans le Cloître.*

On voit dans ce jardin des arbres étrangers, beaucoup de ceux qui entrent dans les jardins d'agrément : beaucoup de ceux qui ſont panachés, & qui, par la variété de leurs couleurs, parent ſi agréablement les boſquets & les treillages. Les plantes bulbeuſes, printanieres & autres, ſont des plus variées. Les ſerres y ſont ornées de plantes ſinguliéres des pays chauds, & ſur-tout de celles qui par l'odeur & la beauté de leurs fleurs peuvent attirer l'attention des curieux,

Le jardin des Apothicaires, *rue de l'Arbalêtre.*

Ce jardin eſt plus pour l'utilité que pour l'apparat. Il renferme principalement les plantes uſuelles, ou qui ſervent en médecine : on y voit cependant beaucoup de plantes & d'arbres étrangers, de ſerres & de pleine terre.

Le jardin & les ſerres de M. le duc d'Ayen,            *à ſaint Germain.*

Ce jardin annonce le goût & la magnificence du maître : tout y eſt beau & bien ordonné : ſes différentes parties forment autant de jardins, dignes chacun d'un particulier riche & curieux. Là est un jardin à fleurs dessiné avec la plus grande élégance : ici ce sont des massifs d'arbrisseaux agréables par leurs fleurs : plus loin, ce sont des plans d'arbres rares & singuliers par les feuilles, les fleurs, ou par le port : d'un autre côté, est un potager ou un jardin botanique délicieux, entouré de palissades. On y voit nos arbres à fleurs ou à fruits apparens, mariés avec les arbres étrangers qui ont de semblables avantages. Les serres & les couches y ont leur place, sont bien disposées, & font ornement.

Les serres de M. le maréchal de Belle-isle, *à Bisy.*

Les serres de M. de Montmartel, *à Brunoy.*

Les serres de M. du Vernay, *à Plaisance.*

Les serres de M. de Machault, *à Arnouville.*

&c. &c.

# CONCERTS PARTICULIERS.

LEs concerts de musique sont aux uns ce que les cabinets de tableaux, d'histoire naurelle, les jardins & les serres sont aux autres. Nous sçavons qu'il y a dans Paris

Paris des amateurs, qui dans le cours de l'année, & principalement pendant l'hiver, donnent de tems en tems chez eux des concerts réglés. Nous nous fommes apperçus trop tard qu'ils appartiennent naturellement à notre objet ; nous n'avons pu découvrir qu'un très-petit nombre de ces amateurs.

Mad. Dumont,  *rue de la Sourdiere,*
M. Damonau,  *rue du petit Lyon.*
M. le marquis de Saché, *rue Caffette.*
M. de Mondion,  *quai d'Anjou.*
M. Jaccotteau, *vieille rue du Temple.*
Madame Rutgi,  *rue Plâtriere.*
M. Rodrigue, concert abonné, *place Vendôme.*

# OUVRAGES

## PÉRIODIQUES LITTÉRAIRES,

### *Gazettes, petites Affiches, &c.*

L Es ouvrages périodiques littéraires nous apprennent ce qu'il y a de nouveau dans la littérature, les fciences & les arts. Les journaux paroiffent tous les mois.

Journal des ſçavans,          chez *Lambert.*
Journal de Trevoux, *chez Chaubert &*
*Heriſſant.*
Journal de Verdun,          chez *Ganneau.*
Journal œonomique ,          chez *Boudet.*
Journal de médecine,          chez *Vincent,*
Journal Encyclopédique, *chez Duchêne.*
Journal étranger ,          chez *Lambert.*
Journal chrétien ,          chez *Lambert.*
La Religon vengée , *chez Chaubert &*
*Heriſſant.*
Lettres critiques , ou analyſe & réfuta-
tion de divers écrits modernes contre la
Religion , 11 vol. in-12 , *chez Heriſſant.*
*De cet ouvrage il ſe diſtribue trois vo-*
*lumes par année.*

LeMercure de France.    *Au bureau du Mer-*
Le choix des anciens    *cure , rue ſainté*
Mercures.    *Anne.*

L'année littéraire ,          chez *Lambert.*
L'obſervateur littéraire ,          chez *Lambert.*
Le conſervateur ,          chez *Lambert.*
Les obſervations ſur la phyſique , l'hiſ-
toire naturelle & les arts , par M. Touſ-
ſaint , Avocat au Parlement.

Les gazettes nous apprennent tout ce qui
ſe paſſe d'important , ſoit en France , ſoit en

pays étranger. On les donne à lire chez les Suiſſes des Thuilleries, du Luxembourg, du palais royal, ſur le quai des Auguſtins, & dans preſque tous les caffés.

JOURS DES GAZETTES.

La gazette de France,  *le ſamedi.*
Les petites affiches ,  *lundi & jeudi.*

La gazette d'Hollande, *lundi & vendredi.*
La gazette d'Utrech, *lundi & vendredi.*
La gazette d'Avignon, *dimanche & jeudi.*
La gazette de Cologne, *mardi & ſamedi.*
Berne & Francfort,  *vendredi.*
La gazette de Bruxelles, *dimanche, mardi, jeudi.*
La gazette de Vienne, *mardi, ſamedi.*

---

# SPECTACLES.

LEs principaux ſpectacles de Paris ſont l'opéra, le concert ſpirituel, la comédie Françoiſe, & la comédie Italienne.

## L'OPÉRA.

L'académie royale de muſique, ſous la direction de Meſſieurs Rebel & Francœur, ſurintendans de la muſique du roi, eſt compofée de plus de foixante acteurs ou actrices pour le chant : d'environ quarante danfeurs ou danfeufes, & de cinquante fymphoniftes pour l'orqueftre. Nous ne nommerons que les principaux, tant pour le chant que pour la danfe, & nous marquerons leur demeure.

Les jours de ce fpectacle font le diman-che, le mardi & le vendredi, & en outre le jeudi, depuis la faint Martin jufqu'à l'Afcenfion.

---

*Directeurs & maîtres de l'école du chant.*

MM.

Rebel.      } *au magafin de l'Opera, rue*

Francœur. } *faint Nicaife.*

Le Vaffeur, fous-maître de l'école du chant.

Chapolin, maître de mufique du maga-fin, pour l'école du chant, *rue Plâtriere.*

Parant, accompagnateur du clavecin du magafin,      *cour des Quinze-vingts.*

Duran, copifte de mufique, *rue faint Honoré, près le palais royal.*

Bellot, pour l'accord du clavecin.

*Théatre & orqueſtre.*

MM.
Rebel bat la meſure.
Berton, en ſecond,      *rue aux Fers.*

## ACTEURS CHANTANTS.

*Baſſes-tailles des rolles.*

Gelin,     *rue neuve des petits-Champs.*
La Rivée, *vis-à-vis l'hôtel de Noailles.*
Desbelles,          *au Magaſin.*
Deſſentis, *rue*

*Haute contre des rolles.*

Poirier, de la muſique du roi, *au gail-
lard-Bois.*
Pillot,        *rue des petits-Champs.*
Lombard,       *rue du Pelican.*
Muguet, *rue ſaint Thomas du Louvre.*

*Tailles des rolles.*

Scelle,      *rue neuve ſaint Euſtache.*

### Actrices chantantes.

Mlles
| | |
|---|---|
| Fel, | rue saint Thomas du Louvre. |
| Chevalier, | rue sainte Anne. |
| Dubois L. | rue des bons Enfans. |
| Le Miere, | rue Saint Roch. |
| Rivier, | rue |
| Davau, | rue croix des petits-Champs. |
| Sixte, | rue des petits-Champs. |
| Arnou, | rue Traversine. |

| | |
|---|---|
| Chefdeville, | cul-de-sac du Cocq. |
| Cazaux, | rue Traversiere. |
| Dubois C. | rue neuve saint Eustache. |
| Dumont, | rue des boucheries S. Honoré. |
| De Villette, | rue Aubry-le-Boucher. |
| Blain, | rue |

### Chœurs d'hommes.

Huit basses tailles.
Six haute contres.
Quatre tailles.

Dix actrices chantantes dans les chœurs.

*Personnages danſans ſeuls.*

MM.
Lany , maître des balets, *rue des petits-*
*Champs.*
Veſtris ,                          *rue Montmartre.*
Laval ,         *rue ſaint Thomas du Louvre.*
Lionnois ,   *rue Montmartre près l'égoût.*

Mlles
Puvigné, *rue Notre Dame des Victoires.*
Lionnois,          *croix des petits-Champs.*
Veſtris,          *rue neuve ſaint Euſtache.*
Carville ,       *rue de Richelieu-Feideau.*

Douze danſeurs dans les ballets.
Seize danſeuſes dans les ballets.

———

*Symphonie.*

Quatre baſſes du petit chœur, quatorze
violons.
Huit baſſes du grand chœur : ſix parties.
Six haut-hois & flutes, quatre baſſons.
Trompettes , timbales.

———

## LE BAL DE L'OPÉRA.

Le privilége de donner des bals publics,

appartient à l'académie royale de musique : ces bals s'ouvrent le jour de saint Martin, & continuent tous les dimanches jusqu'à l'Avent : on les reprend à la fête des Rois, & on les donne pendant le carnaval deux fois la semaine jusqu'au carême. Ils commencent à onze heures, & finissent à sept heures du matin.

## CONCERT SPIRITUEL.

LE Concert spirituel n'a lieu que les jours des grandes fêtes de l'année ; sçavoir, les jours de l'Ascension, de la Pentecôte, de la Trinité, la Fête-Dieu, les fêtes de la Vierge, de la Toussaints, la veille & le jour de Noël : & presque tous les jours, depuis le dimanche des Rameaux, jusqu'au dimanche de Quasimodo.

Le concert spirituel est composé de plus de soixante voix, tant pour les récits que pour les chœurs : de quarante symphonistes ou environ.

*Directeurs.*

Madame Royer,    *rue sainte Anne.*

M. Mondonville, *    *rue des vieux Augustins.*

* M. Mondonville bat la mesure.

M. Caperan,        *rue de Richelieu.*

### *Voix récitantes.*

M        *Dessus.*

Fel,      *rue saint Thomas-du Louvre.*
Sixte,      *rue des petits-Champs.*
Le Miere,      *rue saint Roch.*
Arnoud,      *rue Traversine.*
Veſtris Geardini, Cantatrice Italienne , *rue des Moulins.*
Fort,      *rue*
M. Albaneſe, Italien, de la chapelle du roi,      *à Verſailles.*

---

### *Baſſes-tailles.*

MM.
Benoît, de la chapelle du roi, *à Ver-*
*ſailles.*
Gelin,      *rue des petits-Champs.*
La Rivée, *vis-à-vis l'hôtel de Noailles.*

---

### *Haute-contres.*

Poirier, } de la muſique {au gaillard-bois
Beche, } du roi, { à Verſailles.

L v

## SYMPHONIE.

### Orgue.

**MM.**

Balbatre, à côté des Capucines, & à Pâques, à saint Roch.

M. Balbatre joue des morceaux & des concerts, seul.

Seize violons, sept basses, deux contre-basses, trois bassons, cinq flutes & haut-bois, deux corps de chasse, &c.

### Spectacles en décoration.

M. Servandoni, peintre & architecte du roi, donne tous les ans à Pâques, pendant les trois semaines de la clôture des théâtres, un spectacle en décorations, sur le grand théâtre de la salle des machines, au château des Thuilleries.

## COMÉDIE FRANÇOISE.

LEs comédiens ordinaires du roi, ac-tuellement, quatorze acteurs & onze actrices. Ils jouent presque tous les jours,

*Acteurs suivant l'ordre de leur réception.*

MM.
De la Thorilliere,  rue de Seine.
Armand,  rue Tarane.
Grandval,  à la Barriere blanche.
Sarrazin,  rue de Seine.
Dangeville,  près saint Sulpice.
Dubois,  rue de Condé.
Bonneval,  rue de Seine.
Paulin,  rue de Seine.
Le Kain,  rue de Seine.
Bellecourt,  rue de Tournon.
Previlie,  rue Guenegaud.

Brizard,  rue de la Comédie.
Blainville,  rue de la Comédie.
Dalainville,  rue de la Comédie.

*Actrices suivant l'ordre de leur réception.*

M<sup>lles</sup>
Lamotre,  rue Mazarine.
Dangeville,  rue des Fossoyeurs.
Gaussin,  rue de Seine.
Grandval,  rue Mazarine.
Dumesnil,  Barriere blanche.
Lavoy, rue Notre-Dame des Champs.

Douin-Gautier, *rue des fossés de M. le Prince.*

| | |
|---|---|
| Clairon, | *rue des Marais.* |
| Brillant, | *rue Montmartre.* |
| Hus, | *rue Mazarine.* |
| Preville, | *rue Guenegaud.* |

Dix danseurs, dix danseuses, dix symphonistes.

---

## COMÉDIE ITALIENNE.

LEs comédiens ordinaires du roi, onze acteurs & huit actrices, ils jouent presque tous les jours.

---

*Acteurs suivant l'ordre de leur réception.*

MM.

| | |
|---|---|
| Baletti-Mario, | *rue du petit Lyon.* |
| Sticotti, | *rue du fauxbourg saint Martin.* |
| De Hesse, | *rue Tireboudin.* |
| Ciavarelli, | *rue Comtesse d'Artois.* |
| Rochard de Bouillac, | *rue du petit Lyon.* |
| Carlin Bertinazzi, | *rue des deux Portes.* |
| Baletti, fils, | *rue du petit Lyon.* |
| Veroneze, | *rue Françoise.* |
| Veroneze, fils, | *rue Montorgueil.* |

Chanville,                          *rue Pavée.*
Desbrosses,                    *rue saint Denys.*

*Actrices suivant l'ordre de leur réception.*

M lles
Dehesse,                      *rue Tireboudin.*
Riccoboni,                    *rue Françoise.*
Bianconelli,          *rue Comtesse d'Artois.*
Coraline ( Anne Veronése )  *rue Françoise.*
Camille ( Veronése )    *Barriere blanche.*
Favart,                    *rue du petit Lyon.*
Foulquier-Catinon, *rue Comtesse d'Artois.*
Des Glands,                      *rue Mêlée.*

13 danseurs, 15 danseuses, 13 sympho-
nistes.

*Autres spectacles qui n'ont lieu que pendant
les foires saint Germain & saint Laurent.*

## L'OPÉRA COMIQUE.

CE spectacle dont le privilége dépend
de l'académie royale de musique, est
aujourd'hui sous la direction de M. Corby
& compagnie. On joue tous les jours pen-
dant les deux foires.

M. Favard, infpecteur du théâtre.
Quinze acteurs, huit actrices.
Quinze danfeurs, quinze danfeufes.
Seize fymphoniftes.

---

Les danfeurs de corde, voltigeurs, &c.
Les marionnettes, les joueurs de gobelets.
L'optique, l'électricité, la lanterne magi-
que, tous les jours pendant les deux foires.

On voit dans ces foires des animaux
étrangers de plufieurs efpéces, & beaucoup
d'autres curiofités.

---

Le combat du taureau, *à la barriere de
Seve.*

Ce fpectacle n'a lieu que les jours que
les théâtres font fermés.

---

## PROMENADES PUBLIQUES.

| *Dans la ville.* | *Hors de la ville.* |
|---|---|
| Le jardin des Thuil-leries. | Le cours la Reine. |
| | Les champs élifées. |
| Le jardin du Luxem-bourg. | L'étoile. |
| | Le bois de Boulogne. |
| Le jardin de l'Infante. | S. Cloud, Auteuil. |
| Le jardin du Roi. | Paffi, Vaugirard. |

| Dans la ville. | Hors de la ville. |
|---|---|
| Le jardin du palais royal. | Les avenuës & bois de Vincennes. |
| Le jardin de l'arsenal. | Le Menil - montant. |
| Le jardin du temple. | Bagnolet. |
| Le jardin de Soubise. | Les avenuës de Saint Denys. |
| Les remparts. | |
| Les quinconges des Invalides. | Saint Ouen, Clichi, &c. |

# FINANCES.

NOus entendons ici par le terme de finances tous les deniers & revenus qui appartiennent au roi : on peut les diviser en ordinaires & extraordinaires.

Les revenus ordinaires sont ceux qui proviennent du domaine du roi.

Les revenus extraordinaires sont ceux qui proviennent des aides, des tailles, des gabelles & autres impôts.

Les finances ont dans le département de Paris le même objet & les mêmes sources que dans les autres. Les cinq grosses fermes ; la capitation ; les deux vingtiémes ; les deux sols pour livre du dixiéme ; les droits sur les cartes ; les octrois, les parties casuelles, &c.

On peut rapporter plus particulierement aux finances de Paris, les droits rétablis aux entrées de cette ville, & l'établissement des lotteries royales qui se tirent tous les ans, jusqu'à ce que le nombre de tirages portés par les édits de création soient remplis.

Une premiere lotterie royale créée en 1747 pour douze années.

La seconde créée par édit du premier Août 1748.

La troisiéme créée par édit du onze Novembre 1755.

La quatriéme créée par édit du 21 Mars 1757.

Tous les revenus du roi se perçoivent par des fermiers, régisseurs ou receveurs, & se portent, pour la plus grande partie, au trésor royal, dont nous avons parlé plus haut.

La lotterie royale créée au commencement de l'année 1758, en faveur de l'école royale militaire : il y a huit tirages tous les ans.

---

## Autres Loteries.

La lotterie en faveur des enfans trouvés, douze tirages par an.

La lotterie en faveur des communautés Religieuses, douze tirages.

La lotterie en faveur de l'Eglife de faint Sulpice, douze tirages.

Les billets de ces trois dernieres lotteries font de vingt-quatre fols.

---

# COMMERCE.

### *Manufactures de Paris.*

LA manufacture royale des Gobelins pour les belles tapifferies de haute & de baffe-liffe.

La manufacture royale des meubles de la couronne, connue fous le nom de *Manufacture de la Savonnerie*, pour les beaux tapis velus, façon de Perfe, la premiere de ce genre établie en France, & la feule avant l'établiffement de celle d'Aubuffon en Limoufin.

*Dans cette manufacture comme aux ouvrages de haute-liffe, la chaîne du canevas eft pofée perpendiculairement ; mais il y a cette différence qu'à la haute-liffe des Gobelins l'ouvrier travaille derriere le beau côté, & qu'à la Savonerie le beau côté eft*

*en face de l'ouvrier comme dans les ouvra-*
*ges de basse-lisse qui se font aussi aux Go-*
*belins, & qui étoit la premiere maniere de*
*travailler à ces sortes de tapisseries.*

La manufacture royale des glaces de saint Gobin en Picardie. Son magazin est rue de Reuilli fauxbourg saint Antoine. C'est là que plus de cinq cens ouvriers travaillent journellement pour polir les glaces. Cette manufacture, comme presque toutes les autres du royaume, doit son établissement à feu monsieur de Colbert. Elle a fait de grands progrès depuis son premier établissement ; & s'il manquoit encore quelque chose à la perfection des glaces, on ne devroit sans doute l'attendre que de l'émulation, & d'une concurrence par l'établissement d'une seconde manufacture de glaces dans le royaume.

- La manufacture royale de porcelaine, fauxbourg saint Honoré, *rue de la Magdeleine.*

Cette manufacture établie d'abord à Saint Cloud par Pierre Chicanau en vertu d'un privilége exclusif du 16 Mai 1702, fut transportée au fauxbourg saint Honoré en 1724. C'est la premiere manufacture de porcelaine qui ait été établie en France. Elle a fourni depuis son établissement, & elle fournit encore, au préjudice du Japon

& de la Chine de ſes ouvrages à l'Eſ-
pagne , à l'Angleterre , à l'Italie & à
l'Allemagne.

La manufacture royale de Séve auprès
de Paris , établie d'abord au château de
Vincennes.

Elle doit ſon établiſſement & la rapidi-
té de ſes progrès à un homme d'état, (*)
dont le génie & les lumiéres égaloient ſon
goût & ſon amour pour les arts utiles &
pour le bien public , & elle nous préſente
deja un fonds conſidérable d'ouvrages ſu-
périeurs à tout ce que la célébre manufac-
ture de Saxe a produit de plus parfait en
porcelaine.

La manufacture royale de bouteilles ,
*à Séve.*

La manufacture royale de terre de France,
façon d'Angleterre , *au pont aux choux.*

La manufacture royale de monſieur Ju-
lienne, pour les beaux draps & pour la
belle teinture d'écarlate , *à l'Hôtel des
Gobelins.*

La manufacture royale de monſieur Gue-
rin, pour les draps & les ratines, *à S. Denys.*

La manufacture de plomb laminé , établie

* Feu M. de Fulvy , conſeiller d'état ordinaire ,
& intendant des finances.

dans le fauxbourg faint Antoine, *rue de Bercy.*

On y fait journellement ainfi qu'à la manufacture établie à Defville près de Rouen , des tables de plomb laminé de toutes longueurs à l'ufage des bâtimens , bains, fontaines , & doublures de boëtes.

Le magazin général de cette manufacture a été établi pour la commodité du public au coin de la rue du Roule , *rue Betifi.*

Nous donnerons, dans un ouvrage plus détaillé , les poids & prix du plomb laminé de différentes épaiffeurs , avec tous les éclairciffemens dont cet article peut être fufceptible ; & nous nous contentons d'avertir ici que toutes les livraifons qui fe fond audit magazin général, font toujours accompagnées d'une facture imprimée contenant les mefures & le poids de la livraifon , & qu'on doit toujours fe faire repréfenter ladite facture par ceux *qui vont enlever le plomb.*

---

### *Autres manufactures.*

Manufactures ou fabriques de toutes fortes d'étoffes de foye, laine, or & argent :

il y en a dans Paris une très-grande quantité, & elles appartiennent au corps des maîtres Férandiniers. On y fabrique des velours, des pluches, brocards, gros de Tours brochés, moires brochées pour robe & pour meubles : damas ſoye & fil, & ſatiné : moires ſoye & fil, gros de Tours ſoye & coton : ras de ſaint Cyr pour robe & pour doublure : ras de ſaint Maur : gros de Tours pour habits d'homme : papelines : croiſés : boure : éternelle ſoye & coton : ſatins à l'imitation des Indes & d'Hollande : zirzaca pour veſte broché or & argent : Chinoiſes pour veſtes : des lampas auſſi parfaits que les lampas des Indes, &c.

## *Les manufactures des gazes.*

Ceux qui fabriquent à Paris les gazes de ſoye ſont du nombre des Férandiniers, qui depuis quelques temps prennent le nom de marchands fabriquans, & qui ſont, pour ainſi dire, diviſés en deux ſociétés, quoique dans un même corps. Les gazes ſont pour Paris un objet de commerce très-conſidérable : elles ſe multiplient à l'infini ; gazes unies, en ſoye, en fil, de toute couleur ; gazes à mille mouches, gazes damaſſées, gazes à bouquets, gazes à bandes, gazes brochées en fil, gazes de laine &c.

Manufacture de cotonettes, *à la Courtille.*

Manufacture de belles couvertures de laine. Elles appartiennent à la communauté des maîtres Tapissiers, dont quelques-uns se bornent à ce commerce.

Manufactures ou fabriques de beaux castors, supérieurs aux castors d'Angleterre. Il y en a 28 dans Paris, & elles appartiennent au corps des marchands chapeliers.

---

Les calandres ont trop de rapport aux manufactures d'étoffes pour n'en pas parler ici.

Outre les calandres particuliéres qui appartiennent à la communauté des Teinturiers du grand tein, ( les autres ont des presses ) nous avons à Paris deux calandres royales.

La premiere qui doit son établissement à monsieur de Colbert, est établie, sous la direction de monsieur Lainé, dans une maison où l'on prétend que demeuroit la belle Gabrielle, *au cimetiere saint Nicolas.*

La seconde établie par lettres patentes de 1748. en faveur de l'abbé Hubert, *rue de Louis le grand.*

Elle appartient aujourd'hui à monsieur Vernet banquier, qui en a traité avec les héritiers de l'abbé Hubert.

---

Manufacture de cuirs supérieurs aux cuirs d'Angleterre, *à saint Germain en Laye.*

Son magazin général à Paris, *rue Quincampois.*

Une manufacture de fer battu à froid & étamé, dont on fait toute sorte de baterie de cuisine qui n'a point les inconvéniens du cuivre. Elle est dans la rue royale au bas du mur des Martyrs, près Montmartre, & appartient au sieur Dutartre, marchand mercier, qui a établi son magazin *rue de l'Arbre-Sec.*

Une autre manufacture pareille établie dans le fauxbourg saint Antoine, *rue Baffroy.*

---

Manufactures de nouvelles fontaines filtrantes pour purifier l'eau parfaitement, dont les avantages si universellement connus devroient proscrire les fontaines de cuivre, à l'hotel d'Aligre, *rue saint Honoré.*

On y trouve des fontaines à toute forte de prix depuis 24 liv. jufqu'à 800 liv.

---

Manufacture de pompes du fieur Nicolas Tillay, privilégié pompier du roi, marchand chaudronnier de la ville de Rouen.

L'habileté du fieur Tillay dans l'art de fabriquer des pompes eft conftatée par des témoignages réfpectables, & la bonté de fes pompes n'a plus befoin d'être atteftée depuis que l'expérience en a fait voir l'utilité pour remedier aux Incendies.

Son magazin eft aux Feuillans, vis-à-vis la place Vendôme, fous la direction du fieur Barbier, qui en donne les expériences & les démonftrations à ceux qui en veulent faire acquifition. Il y en a de différents prix, depuis 212 liv. jufqu'à 2400 liv.

*On trouve auffi dans le même magazin des feaux d'ofier maftiqués pour le fervice de ces pompes.*

*On y trouve auffi des échelles d'une nouvelle invention, qui fe plient de façon que les échelons rentrent dans les deux côtés de l'échelle.*

FAISEURS

## FAISEURS DE POMPES.

## ET DE CHAPELETS.

NOus n'en connoissons qu'un petit nombre.

Ducray, *rue de la Montagne sainte Ge-
neviéve.*

| | |
|---|---|
| Lucotte, | *rue du Temple.* |
| La Cour, | *rue Fromenteau.* |
| Bonamy, | *rue saint Germain l'Auxerrois.* |
| &c. &c. | |

*Les faiseurs de pompes sont ordinairement
de la communauté des serruriers, ou de celle
des taillandiers.*

---

## COMMERCE DE PARIS.

Commerce en gros.
Commerce en détail.
Commerce d'argent,
Commerce de papier.

---

Le commerce en gros se fait, ou par la
M

compagnie des Indes, ou par des particu-
liers.

La compagnie des Indes, établie par
lettres-patentes de 1718, a, sous l'autorité
du conseil, le commerce exclusif des gran-
des Indes. L'hôtel de cette compagnie est
*rue neuve des petits-Champs.*

Cette compagnie est composée de plu-
sieurs commissaires nommés par le Roi,
de six syndics choisis parmi les actionnaires,
& de neuf directeurs pour veiller aux opé-
rations de cette grande entreprise, d'un
secrétaire général, d'un caissier général,
d'un caissier du comptant, d'un caissier des
dividendes, & d'un caissier de rentes via-
geres, & enfin de six chefs de bureau, ou
premiers commis.

Assemblée de la compagnie, *mercredi
& samedi.*

La bourse dans l'enceinte de l'hôtel de
la compagnie des Indes, *rue Vivienne.*
Elle est ouverte tous les jours depuis
midi jusqu'à une heure.

La place de la bourse a été établie en
1724 : on y négocie des actions, annui-
tés, contrats sur la caisse des amortissemens,
contrats sur les postes, contrats sur la com-

pagnie des Indes, billets d'emprunt de la compagnie des Indes, contrats fur l'hôtel de ville, quittances de finances fur les tailles ; billets de finances ; billets marchands ; billets des quatre lotteries royales ; lettres de change ; billets au porteur, à ordre, & autres billets commerçables des marchandifes & effets : & enfin on y traite des affaires de commerce, tant de l'intérieur que de l'extérieur du royaume.

*ACTIONS.* C'eft une portion d'intérêt dans l'établiffement de la compagnie des Indes. Le total des porteurs d'actions eft propriétaire des fonds & priviléges dont jouit cette compagnie, & répond de fes engagemens.

*ANNUITÉS.* C'eft une forme d'emprunt rembourfable annuellement. Le Roi reçoit une fomme, par exemple, de 675 liv. & rend au preteur 900 liv. en neuf années ; pour cet effet, on lui fournit un papier contenant neuf coupons ou promeffes de payer graduellement 100 livres par année au porteur, moyennant quoi le capital & intérêt fe trouvent éteints ou rembourfés au bout de neuf ans.

*CONTRATS* fur la caiffe des amortifsemens. Il y en a de deux espéces : les uns sont passés pardevant Notaires, & sont dans la forme ordinaire.

Les autres sont des promesses de passer contrat au porteur, & cependant de payer l'intérêt au denier vingt : il tient à chacune de ces promesses des coupons, dont l'échéance est de six en six mois, qui servent de quittances. Il se rembourse annuellement une portion des capitaux par la voie du sort.

CONTRATS à trois pour cent sur les postes. C'est un emprunt de trente millions à trois pour cent, dont il se rembourse annuellement un million du capital par la voie du sort. Les contrats sont dans la forme ordinaire.

CONTRATS sur la compagnie des Indes. Ils sont de la même espéce que ceux sur la caisse des amortissemens, avec la différence qu'il n'y a point de remboursement annuel du capital qui soit indiqué.

BILLETS d'emprunt de la compagnie des Indes. C'est un emprunt que la compagnie des Indes a fait en portions de 500 livres, pour l'intérêt desquelles il y a des coupons de 25 livres d'attachés, qui fe payent annuellement. Il s'en rembourfe une certaine portion chaque année fur le capital.

&c. &c.

Nous donnerons dans la feconde édition de cet ouvrage, pour l'utilité dès gens de province, l'hiftoire de chacun de ces effets publics, en défignant l'origine, les fommes capitales empruntées, ce qu'il y a actuellement de rembourfé, le nombre des actions, leurs dividendes, les capitaux que la compagnie a empruntés, les fondemens de fon établiffement, enfin l'explication à fond de tout l'article du cours des changes & effets commerçables. Tous ces effets fe négocient ordinairement par des agens de change.

*Agens de change* font des perfonnes établies dans les villes de commerce, qui s'entremettent entre les marchands & banquiers, pour faciliter leurs négoces de lettres & de billets de change, &c. & le débit de leurs marchandifes en gros.

---

# CHANGE.

Change appliqué au commerce de l'argent, fignifie le change d'argent, le lieu où il fe fait, & la fin pour laquelle il fe fait.

Outre le change général de la monnoye, il y a dans Paris un petit nombre de changeurs, qui sous l'agrément du directeur général des monnoyes, ont acquis leurs charges de receveurs particuliers du Roi pour les vieilles monnoyes décriées, les monnoyes étrangeres, & pour toute sorte de matieres d'or & d'argent. On trouve chez eux, moyennant une modique rétribution, des louis d'or pour de l'argent blanc; & c'est à cet égard principalement, que nous avons cru devoir les placer ici.

## CHANGEURS.

**MM.**

| | |
|---|---|
| Dubois, | *rue* |
| Menessier, | *au bas du pont au Change.* |
| Plasman, | *rue des fossés saint Germain.* |
| Mongalvy, | *rue de Bussy.* |
| Roger, | *rue saint Denys.* |
| Verneau, | *rue* |
| Cousin, | *rue aux Ours.* |
| Le Geay, | *pont Notre-Dame.* |
| Jullien, | *rue Dauphine.* |

*Bureau de correspondance générale & publique.*

LE bureau de cette correspondance établi à Paris pour la commodité, tant des habitans de Paris, que de ceux des provinces du royaume, & même pour ceux des pays étrangers, ainsi que ceux qui auront affaire d'une province à une autre, est présentement                      *rue Pagevin.*

Cet établissement autorisé par lettres-patentes du mois de Juillet 1756, & cautionné de cinq cens mille francs, est borné à des objets purement passifs; c'est-à-dire, qu'il ne s'y fait aucune sorte d'affaires que celles des commettans qu'on appelle *commissions*, & qu'il ne s'y fait aucune affaire directe ni indirecte pour le propre compte du bureau. Il est sous la direction du sieur Tapret régisseur du bureau, dont les livres de comptabilité pour le public sont cottés & paraphés par MM. les Juge & Consuls.

Ceux qui écrivent au bureau, doivent adresser les lettres

A monsieur le régisseur du bureau de la correspondance générale, *rue Pagévin, près la place des Victoires à Paris.*

---

### *Hôtels des assurances.*

L'hôtel des assurances est *rue Thevenot.*
La chambre ou compagnie des assurance s'est établie pour assurer aux négocians qui trafiquent sur mer, les fonds qu'ils placent sur les vaisseaux.

## Commerce en détail.

Le commerce en détail appartient en général à des particuliers, qui font de quelqu'un dés fix corps de marchands, ou des communautés des arts & métiers.

Le commerce que les particuliers de ces corps & de ces communautés font avec les provinces & avec les pays étrangers, eft immenfe. Le commerce en modes, en rubans, gazes, blondes, ou ornemens, en galons, ou étoffes d'or, d'argent & de foye, furpaffe le commerce en gros des villes les plus commerçantes.

Les fix premiers corps des marchands.
Les marchands drapiers.
Les marchands épiciers.
Les marchands merciers.
Les marchand pelletiers.
Les marchands bonnetiers.
Les marchands orfévres.

Les libraires & imprimeurs.
Les marchands de vin.
Les marchands de bois.
Les marchands de laine.

*Ces quatre ont les mêmes priviléges que les six premiers, & parviennent de même au consulat & à l'échevinage.*

Il y a encore plusieurs marchands qui ne font point des communautés des arts & métiers.
Les marchands de chevaux.
Les marchands de bled, avoine, &c.
Les marchands de foin, paille, &c.
Les marchands de volailles, &c.
Les marchands de marée.

Les marchands de saline.
Les marchandsde poissons d'eau douce.
Les marchands de charbon.
Les maîtres pêcheurs.

*Marchands de chevaux.*

Le commerce des chevaux est un commerce libre, permis à tout le monde. Il
M v

y a dans dans Paris un certain nombre de marchands de chevaux, qui le font de pere en fils, ou qui ont un fonds ſtable & permanent : c'eſt de ceux-là ſeulement que nous allons donner la liſte, l'établiſſement des autres étant trop ſujet à variation.

MM.

Aubé, l'aîné, *rue Perdue place Maubert.*
Aubé le jeune, *quai des Miramionnes.*
Auduſſot, *rue ſaint Martin.*
Begé, *porte Montmartre.*
Bequet, *rue Perdue place Maubert.*
Bompart, *rue ſaint Martin.*
Duchemin, *rue Boucherat.*
Dupré, *rue ſaint Martin.*
Duret, *rue ſaint Martin.*
Guelte, *rue Vendôme.*
Jamet, *rue Percée.*
La Buſſiere, *rue ſaint Martin.*
La Marre, *rue ſaint Martin.*
Le Begue, *fauxbourg ſaint Jacques.*
Lépine, *rue ſaint Martin.*
Le Prince, *rue ſaint Martin.*
Le Roi, *rue ſaint Martin.*
Lorry, *rue & porte ſaint Martin.*
Matthieu, *rue ſaint Martin.*
Parmantier, *rue Perdue.*
Piot, *rue ſaint Martin.*
Placemane, *rue ſaint Germain l'Auxerrois.*
Planchon, *fauxbourg & porte ſaint Jacques.*

Vaugen pere,  
Vaugen fils ,  *rue saint Martin.*

Par lettres-patentes du 30 Avril 1613, fuivies d'une ordonnance du 28 Mars 1724, il eft déclaré qu'auffitôt l'arrivée dans Paris des chevaux venant des pays étrangers ou des provinces du royaume, les marchands font tenus, à peine de confifcation defdits chevaux, & de 600 livres d'amende, d'avertir également & en même tems le grand écuyer de France & le premier écuyer du Roi, ou gens par eux prépofés, de l'arrivée des coureurs ou des chevaux de felle, pour être choifis par le premier des deux, qui s'y trouvera, ou concurremment s'ils s'y trouvent enfemble, conformément à un reglement fait le 14 Fevrier 1724. Quant aux chevaux de carroffe, ils ne font tenus d'avertir que le premier écuyer de fa Majefté. Défenfes fous les mêmes peines auxdits marchands d'expofer en vente aucuns defdits chevaux que trois jours après ledit avertiffement. Les marchands s'adreffent aujourd'hui pour cela aux écuyers courtiers de la grande & de la petite écurie.

M. Guelte, marchand de chevaux, écuyer courtier de la grande écurie, *rue Vendôme.*

M. Maurice, écuyer courtier de la petite écurie, *chez monfieur le Premier.*

M vj

## COMMUNAUTÉ DES ARTS ET METIERS.

*Maîtres & Maîtresses.*

Arquebusiers.
Balanciers.
Batteurs d'or.
Boisseliers.
Bouchers.
Boulangers.
Bouquetiéres.
Bourreliers, bâtiers, hongroyeurs.
Boutonniers, passementiers.
Boyaudiers.
Brasseurs.
Brodeurs, chasubliers.
Boursiers, colletiers, pochetiers, caleçonniers &c.
Cardeurs.
Carrossiers, selliers.
Cartiers.
Ceinturonniers.

Chaircuitiers.
Chandeliers, huiliers, moutardiers.
Chapeliers.
Charpentiers.
Charrons.
Chaudronniers, didandiers.
Cizeleurs, graveurs.
Cloutiers.
Coffretiers, malletiers.
Cordiers.
Cordonniers.
Corroyeurs.
Couteliers.
Couturieres.
Couvreurs.
Crieurs de vieux fers, ferrailleurs.
Cuisiniers, queux,

traiteurs.

Maîtres de Danfe, joueurs d'inftrumens.

Découpeurs en étoffe.

Diftillateurs, limonadiers, marchands d'eau de vie.

Doreurs, argenteurs, cizeleurs, damafquineurs, enjoliveurs fur tous métaux.

Ecrivains jurés, arithméticiens, &c.

Embaleurs.

Epingliers, aiguilletiers.

Eperonniers.

Eventailliftes.

Faifeurs d'inftrumens de mufique, luthiers.

Fayanciers, verriers, émailleurs, patenotriers.

Ferandiniers, fabriquans en étoffes d'or, argent, foye & laine.

Ferblantiers, taillandiers.

Filaffieres.

Fondeurs, fabricateurs d'inftrumens de Mathématique.

Fourbiffeurs.

Fripiers.

Fruitiers, beurriers, orangers, coquetiers, fromagers.

Guainiers, fourreliers.

Gantiers, parfumeurs.

Grainiers, fleuriftes, botaniftes.

Graveurs, cizeleurs.

Horlogers.

Jardiniers, préoliers, maraîchers.

Imprimeurs en taille douce.

Joueurs d'inftrument, maîtres à danfer.

Layetiers.

Lapidaires, diamantiers, tailleurs, graveurs.

Limonadiers, diftil-
lateurs.

Lingeres.

Maçons, tailleurs de
pierre, plâtriers.

Maréchaux.

Megiffiers.

Menuifiers.

Miroitiers, bimblo-
tiers.

Oifeleurs, ou oife-
liers.

Papetiers, colleurs
de feuilles.

Parcheminiers.

Paffemantiers, bou-
tonniers.

Patenotriers, fayan-
ciers.

Patiffiers.

Paveurs.

Paulmiers.

Peauffiers, teintu-
riers en cuirs, &
falçonniers.

Peigniers, tabletiers.

Peintres & fculp-
teurs.

Perruquiers, bar-
biers, baigneurs,
étuviftes.

Plombiers, fontai-
niers.

Plumaffiers, panna-
chiers.

Potiers d'étain.

Potiers de terre.

Relieurs, doreurs de
livres.

Rotiffeurs.

Rubaniers.

Savetiers, bobeli-
neurs.

Selliers, lormiers,
*carroffiers.*

Serruriers.

Tabletiers, peigniers.

Taillandiers, ferblan-
tiers.

Tailleurs d'habits.

Tapiffiers.

Taneurs.

Teinturiers du grand
tein.

Teinturiers du petit
tein.

Teinturiers en foye,
laine & fil.

Tireurs, fileurs d'or.

Tifferands.

Tiffutiers, *rubaniers.*

Tondeurs de drap à table seche.

Tonneliers.

Tourneurs.

Vanniers, quinquail-liers.

Verriers, *fayanciers*.

Vergetiers.

Vinaigriers.

Vitriers.

Dans le nombre des maîtres ou marchands Oiseliers, il y en a plusieurs qui sont fort éclairés sur les maladies des oiseaux & des quadrupedes de la petite espèce, & dans l'art de les élever, de les traiter, & de guérir leurs maladies.

Boin, *rue Frepillon*.

Bouriel, *quai de l'Ecole*.

Cany, *quai Pelletier*.

*Educateurs & guérisseurs pour les deux espéces.*

Le vrai Lionnois, *place de Gréve*.

Saint Louis, *auprès des Quinze-vingts*.

Saint Etienne & Giraudon, *porte saint Honoré*.

Ducel Lyonnois, *quai de la Vallée*.

Ducel traite toute sorte de maladies, & l'on nous a assurés que plusieurs chiens des plus précieux se sont bien trouvés de ses médicamens.

## *Communautés de Freres Cordonniers & de Freres Tailleurs.*

Il y a dans Paris deux communautés, ou ſociétés de freres cordonniers , & une de freres tailleurs , qui s'uniſſent ſans faire aucun vœu, pour , en travaillant pour le public , vivre en commun du travail de leurs mains , & ſervir Dieu dans l'obſervance de certaines pratiques de dévotion qui leur ſont communes. La premiére communauté de freres tailleurs doit ſon établiſſement en 1645 à Henri-Michel Buch , garçon cordonnier. La ſeconde & celle des freres tailleurs s'établirent à l'exemple de la premiere : & à l'inſtar de celles-là , il s'en eſt formé dans pluſieurs villes du royaume.

Une communauté de freres cordonniers, *rue Pavée ſaint André.*

La ſeconde, *rue de la grande Truanderie.*

La communauté des freres tailleurs, *rue Jean-Lantier.*

*Lieux privilégiés , où l'on peut vendre & travailler ſans être d'aucun de ces corps & communautés.*

Le fauxbourg ſaint Antoine.
Le cloître Parvis Notre-Dame.

L'enclos de faint Germain des Prés.
L'enclos de faint Denys de la chartre.
L'enclos de faint Jean de Latran.
L'enclos de faint Martin des champs.
La rue de l'Ourfine.
Les cours de la Trinité, & du Temple.
L'hôtel royal des Gobelins.
Les galeries du Louvre.
Les maifons des peintres & des fculpteurs de l'Académie.

---

## FOIRES.

Il y a dans Paris & dans fes environs plufieurs foires dans le cours de l'année. Les principales font la foire de faint Germain, la foire de faint Laurent, la foire de faint Denys, &c.

La foire de faint Germain s'ouvre le 2 Fevrier, & ne fe ferme que la veille des Rameaux. Les marchands forains ont le droit d'y étaler, & d'y vendre toute forte de marchandifes non prohibées, de même qu'à la foire faint Laurent.

La foire faint Laurent s'ouvre ordinairement le 28 du mois de Juin, & ne finit qu'avec le mois de Septembre. C'eft le lieutenant-général de police qui fait l'ouverture de ces deux foires.

La foire du Landy *à Saint-Denys* s'ouvre le 11 Juin, & dure 15 jours : elle appartient aux dames de faint Cyr & aux Religieux de l'abbaye. L'ouverture s'en fait par le premier huiffier du Parlement pour les dames de faint Cyr, & par le prieur de l'abbaye accompagné des officiers de leur juftice pour les religieux qui font obligés de donner un déjeuné à ces officiers, dans lequel il y a toujours une omelette au fucre & des raves : cela eft d'étiquette. Le premier huiffier du Parlement dîne ce jour-là chez le receveur des dames de faint Cyr : il a le droit de mener avec lui deux amis. L'étiquette eft de fervir un cochon de lait à ce repas.

La foire des jambons le mardi de la femaine fainte, *au parvis Notre-Dame.*

La foire de faint Clair, qui dure huit jours, *rue faint Viftor.*

La foire de faint Ovide, qui dure neuf jours, *place Vendôme.*

La foire de Bezons.

La foire de faint Hipolyte.

La foire du Temple. C'eft la foire aux manchons.

La foire de Clamar.

## BAINS.

Le droit d'avoir des bains pour le public moyennant rétribution, appartient au corps & communauté des perruquiers, parmi lesquels il y en a plusieurs qui tiennent des hôtels garnis, chez qui l'on trouve à cet égard toutes les commodités tant pour les bains de propreté que pour les bains de santé.

| | |
|---|---|
| Bains de santé | 6 liv. |
| Bains de propreté. | 12 liv. |

### *Baigneurs étuvistes.*

| | |
|---|---|
| Benezy, | *rue du Sépulcre.* |
| Briel, | *rue de Richelieu.* |
| Galant, | *rue Jacob.* |
| Joris, | *rue saint Antoine.* |
| Mad. le Sueur, | *rue Montmartre.* |
| Letourneau, | *rue de Richelieu.* |
| Nogaret, | *rue saint André des arts.* |
| Podevin, | *à côté de l'Opera.* |
| Ringard, | *rue Guenegaud.* |

## BUREAU DES DOMESTIQUES.

Nous croyons rendre fervice principalement aux étrangers qui arrivent à Paris fans y avoir ni amis, ni connoiffances, de les informer qu'il y a dans la rue des Prouvaires un bureau établi, où l'on trouve fur le champ des domeftiques de toute efpece, de tout âge & de tout fexe, que l'on peut prendre avec confiance. Les directeurs de ce bureau y répondent des domeftiques qu'ils donnent : ceux qui les prennent, payent 30 fols ; & fi, au bout de 8 ou 10 jours, ils ne font pas contens de leurs qualités & de leurs talens, le bureau en procure d'autres fans nouveaux frais.

## BUREAUX DES NOURRICES.

Il y a auffi des bureaux, fous l'infpection de la police, où l'on trouve tous les jours & à toute heure des nourrices de la campagne qu'on peut prendre en toute fureté pour faire nourrir des enfans nouveaunés. Elles ne font reçues dans ces bureaux que fur des certificats authentiques des curés ou officiers de justice des paroisses, d'où elles viennent. Ces bureaux font au nombre de quatre.

Un bureau, *rue de la Vannerie*,
Un bureau, *rue Planche Mibray.*
Deux bureaux, *rue faint Jacques de la Boucherie.*

## BUREAUX DES VOITURES.

On trouve dans Paris des voitures de quatre efpeces pour le fervice du public : des carroffes de remife ; des carroffes de place ; des chaifes à porteurs, & des chaifes roulantes. Les priviléges de toutes ces voitures ont été accordés par des brevets de don à des particuliers que les Rois ont voulu gratifier, & qui en retirent une rétribution journaliére.

Les carroffes de remife, ainfi appellés parce qu'on les prend fous la remife, fe louënt à la journée, à la demi-journée, au mois, à la quinzaine, ou à l'année. On les trouve dans prefque tous les quartiers chez des particuliers qui font profef-fion de ce commerce, & fe nomment loueurs de carroffes de remife : ils ont des enfeignes.

Les carrosses de place, ou *les Fiacres*, se trouvent sur la place dans tous les quartiers de Paris, & se prennent à l'heure sur la taxe de 25 sols pour la premiere heure, 20 sols pour les autres, & 24 sols pour une course. On ne peut point les forcer de sortir de Paris & de passer les barrieres sur le prix de la taxe.

Le bureau des carrosses de remise & des carrosses de place est *rue Michel le Comte.*

Les chaises à porteur se prennent à l'heure, à la demi-journée, ou à la journée, à prix convenu. Leur bureau est *rue Montmorenci.*

Les chaises roulantes, ou les brouettes, se prennent à l'heure, à la journée, ou à la demi-journée à prix convenu. Leur bureau est *rue Pavée au Marais.*

Les carrosses de place, les chaises à porteurs, & les *brouettes* sont numerotés : ceux qui s'en servent, doivent avoir l'attention de retenir le N°. en cas que l'on oublie quelques effets dans lesdites voitures, ou que l'on ait quelque sujet de plainte contre les cochers ou contre les porteurs. On peut dans l'un ou l'autre de ces deux cas, s'adresser aux bureaux respectifs.

*Les loueurs de chevaux dans tous les quartiers de Paris.*

# BUREAU DES VOITURES POUR LA COUR.

On trouve à toute heure du jour & de la nuit des chaises à deux, & des carrosses à quatre places, pour aller à la cour, *sur le quai d'Orçay, près le Pont-Royal.*

## Prix des places.

De Paris à Versailles,     3 liv. 10 sols
Autant pour revenir.

De Paris à Marly,    3    10

De Paris à Compiégne en
   carrosse,    14    10
En chaise,    16    10

De Paris à Fontainebleau,
   en carrosse,    9    10
   En chaise,    11

---

De Paris à Choisy, on paye l'aller & le retour, & on est le maître de garder la voiture toute la journée.
   Carrosse.    20 liv.
   Chaise.    10

*VOITURES pour Séve & pour S. Cloud, par eau à la descente du pont royal.*

La galiote pour Séve , au bas du pont royal, part tous les jours à 7 heures du matin. Elle repart de Séve pour Paris à 6 heures de l'après midi, places 5 sols.

La galiote pour S. Cloud part tous les jours à 6 heures du matin. Elle repart de S. Cloud pour Paris à cinq heures, places 5 sols.

Ces voitures ne vont que depuis Paques jusqu'à la Toussaints.

On trouve dans le même endroit de petits batelets qui portent à toute heure après les galiotes pour les mêmes endroits, moyennant 4 liv. par batelet.

Il leur est defendu de prendre au dela de 16 personnes.

## COCHES PAR EAU.

*Au port saint Paul , & à la porte saint Bernard.*

Le coche de Nogent, & route.
Le coche de Sens, & route.

Le

Le coche de Melun, de Montereau, de Montargis, de Briar, & route.
Le coche d'Auxerre, & route.

Le coche royal de Fontainebleau pendant que la cour est à Fontainebleau, part tous les jours à 7 heures.

---

# VOITURES PUBLIQUES

## PAR TERRE.

La poste aux chevaux, *rue des Poulies.*
On peut y demander des chevaux pour partir à toute heure, avec une permission du surintendant des postes & relais.

---

Les bureaux pour les carrosses & messageries publiques sont
Pour Arpajon.
Pour Coulomier.
Pour Dammartin.
Pour Gisors.
Pour Lagny.
Pour Mortagne.
Pour saint Germain, Mantes, Poissy &c.
Pour Versailles.

N

Pour Bordeaux, & route.
Pour Toulouse, Nantes, Angers &c.
Pour Provins, & route.
Pour Langres, Betfort, & route.
Pour Rouen, Rennes & basse Bretagne.
Pour Metz, Strasbourg, Châlons & Joinville.
Pour Caën, & route.
Pour Flandres, & route.
Diligence pour Lyon.
Pour Dijon, Besançon, Moulins, Clermont &c.
Pour Eu, Monfort & Vire.
Pour Pontoise, Chantilly, &c.
Pour Beaumont, Alençon, Evreux, &c. &c. &c. &c.

## F I N.

---

*Approbation du Censeur Royal.*

J'Ai lû par ordre de Mgnr le Chancelier, un manuscrit intitulé, *Tableau de Paris pour l'année* 1759. Je crois que cet ouvrage peut être utile au public, & je n'y ai rien trouvé qui puisse en empêcher l'impression. A Bois le vicomte le 14. Novembre 1758.

PICQUET.

---

*Le privilége se trouvera à l'Etat de Paris.*

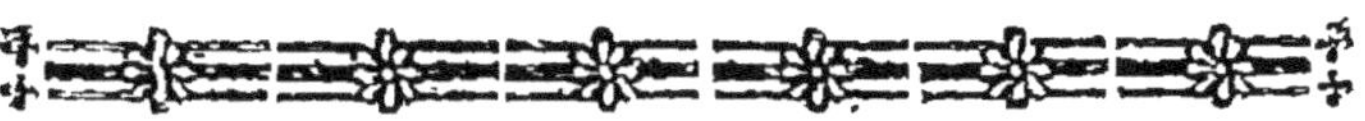

# TABLE
## DES ARTICLES.

# TABLE.

# TABLE.

# TABLE.

# *TABLE.*

BIBLIOTHEQUE ROYALE
FIN.
R